4179.

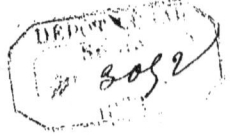

INAUGURATION

DE

LA CITÉ OUVRIÈRE

CONSTRUITE

pour les Alsaciens-Lorrains réfugiés

A BELFORT

et

VISITE

AUX DIVERSES ŒUVRES DE BIENFAISANCE ENTREPRISES SUR LE TERRITOIRE BELFORTAIN

Le 8 Avril 1873

RAPPORT

DE

L'INAUGURATION

En présence des Présidents des divers Comités de Secours

DU TERRITOIRE DE BELFORT

~~~~~~~~~~~~~~~~

Belfort, la vaillante cité, venait, au prix d'immenses sacrifices, de finir sa lutte héroïque ; ce fut alors que plusieurs associations de bienfaisance accoururent pour se disputer l'honneur de la relever de ses ruines.

C'est à cette noble tâche que la Société des Amis se dévoua tout particulièrement, et, quand après deux ans de grands et généreux efforts, son œuvre était près d'être terminée, elle recevait de l'Administration, de la Municipalité, et des divers Comités de secours du Territoire Belfortain l'adresse suivante :

IMPAVIDUM FERIENT RUINÆ.

RES ET NON VERBA

B. F.

REMERCIMENTS

DE

LA VILLE DE BELFORT

LES MEMBRES

DE L'ADMINISTRATION, DE LA COMMISSION MUNICIPALE, DU COMITÉ DES CAMPAGNES
ET DU COMITÉ DE L'ALSACE-LORRAINE

A LA SOCIÉTÉ DES AMIS (QUAKERS)

Au milieu des cruelles épreuves que nous avons eu à traverser, alors qu'affligés des inénarrables douleurs de la patrie en deuil, nous avions encore à pleurer sur nos propres ruines, de bien douces consolations devaient nous être réservées.

Elles nous furent apportées de toutes parts, avec le plus louable empressement, par cette sublime phalange composée des hommes de cœur de tous les pays qui, émus au récit de nos grandes infortunes, s'étaient imposés la noble tâche de venir partager nos souffrances et de nous tendre une main charitable.

Dans ce vaste champ ouvert à l'activité de tous les dévouements, la *Société des Amis* (Quakers) avait pris dès le commencement la première place et *elle* ne cessa de s'occuper, pour le bien-être de tous les malheureux, tant que l'œuvre de la réparation n'a pas été complète. Voilà pourquoi, il y a quelques jours encore, *son infatigable délégué* nous offrait un dernier tribut de sa constante et admirable sollicitude.

Aussi parmi tant de victimes innocentes de la guerre, combien ont invoqué *l'étoile tutélaire de la Société des Amis*, sans l'avoir jamais implorée en vain.

Nous savons tout ce qu'il a fallu de pei-nes, d'abnégation et de vrais sacrifices pour exercer un apostolat aussi fécond dans 14 Départements et nous admirons les résultats obtenus ; mais nous nous plaisons à contempler avec plus de complaisance encore les prodiges réalisés sur notre modeste territoire devenu depuis si longtemps l'objet de ses plus chères préférences. Oui, toujours nous aimerons à nous rappeler et la part qui *lui* en revient directement et celle non moins belle qu'elle a su mériter en indiquant à tant d'autres bienfaiteurs notre pauvre contrée si meurtrie, comme le but le plus digne à assigner à leurs plus larges offrandes.

Et quand notre souvenir nous retrace toutes les phases de cette héroïque Epopée de la Charité, que nous nous reportons au lendemain de notre mémorable siége, nous voyons nos Blessés civils, les familles de nos compatriotes décédés visités, secourus efficacement *par les Amis*, en attendant que leur influence puisse les recommander tous à un puissant Patronage.

Après avoir affecté une portion de *leurs* aumônes exclusivement à nos pauvres, ils obtenaient naguère encore de prélever sur nos souscriptions nationales les fonds

Les deux écussons en tête de la page indiquent la Pierre de la Miotte et les Armoiries de la ville. Le premier, une ancienne tour élevée qui domine le fort de ce nom, apparaît ici avec tou es les bréches que lui ont faites les obus Prussiens acharnés contre elle. Fièrement, elle est restée debout comme si elle voulait se montrer digne du courage indomptable des Belfortains, et en continuer la glorieuse personnification. — « IMPAVIDUM FERIENT RUINÆ » Le second représente les antiques Armoiries de a ville, plus resplendissantes encore qu'avant la guerre ; mais, au lieu de revendiquer ses titres glorieux à l'admiration de l'univers, elle semble attribuer le principal mérite à tous les Bienfaiteurs qui ont voulu l'aider à se relever, et tout particulièrement à la Société des Amis dont elle se plaira toujours à honorer la devise « RES NON VERBA. »

nécessaires à la reconstruction du Refuge qui dans notre ville devait recueillir nos Orphelins.

Parmi tant de ravages, le flot envahisseur avait enlevé tout le Bétail de nos campagnes. La *Société des Amis* qui s'était inquiétée aussi de cette lamentable situation, créa l'œuvre du repeuplement de nos étables. Par son premier apport et par les subventions plus considérables d'un grand nombre d'Associations, elle facilita l'achat de près de 700 bêtes.

Lorsque dans la même pensée notre *bienfaitrice* habituelle s'empressa de mettre des machines agricoles à notre disposition, elle eut la consolation d'apprendre que bientôt des dons plus importants répondaient à l'impulsion donnée par elle.

Malgré les sacrifices que s'était déjà imposé la Charité, on était parvenu avec beaucoup de peine, à procurer les matériaux indispensables à la reconstruction des maisons d'un petit nombre de privilégiés ou malheur (car le choix avait dû écarter plus de Cent pauvres incendiés).

Consterné à la vue de tant de tristesses, *le digne Représentant des Amis* redouble d'efforts et après avoir épuisé le fond de *sa bourse, il* se rend aux réunions du « Comité du Sou des Chaumières », où *il* plaide avec une chaleureuse éloquence la cause de toutes les ruines qu'il nous restait encore à relever, et à plusieurs reprises, *il* a le bonheur de nous annoncer l'obtention de secours qui deviendront bientôt si considérables, que la part de tous nos incendiés sera faite.

Enfin, ce fut le tour de l'Exode Alsacien avec son cortège obligé de nouvelles douleurs, de nouvelles charges. Nos frères malheureux venaient nous demander aide et protection, après avoir franchi la frontière. D'autres n'ayant pas le courage de se séparer de nous, nous suppliaient de leur offrir un asile ; car sur notre petit territoire soustrait à l'annexion ils se retrouvaient dans leur double patrie Française et Alsacienne. Le puissant concours, le dévouement sans borne *du noble délégué de la Société des Amis* leva tous les obstacles. Malgré l'épuisement d'une santé si altérée à notre service il avait tenu lui-même à parcourir nos principales villes, quétant pour Belfort et ses chers Alsaciens.

C'est ainsi que la *Société des Amis* a su triompher de toutes les difficultés, ne voulant rester étrangère à aucune de nos souffrances, à aucun de nos efforts.

Honneur donc *à tous ses membres* qui ont su réaliser tant de bien en France et plus particulièrement au milieu de nous.

Qu'*ils* jouissent en paix des heureux qu'ils ont faits et de leurs Bénédictions.

Nobles amis, vous avez pratiqué ici et ailleurs la plus grande des Charités, qui est celle qui ne tient aucun compte ni des Opinions, ni des Nationalités ; elle s'inspire d'en haut, *sachant que l'œil de Dieu abborre les distinctions de races et qu'au Ciel il n'y a pas de Frontières.*

E. KELLER, député du Haut-Rhin.

Le Conseil Municipal de la ville de Belfort :

Parizot, Maire.
Juteau, premier Adjoint.
Sibre, deuxième Adjoint.
E. Saglio, Conseiller municipal.
Petitjean, Conseiller municipal.
Pierre Garnache, Conseiller municipal.
J. Vautherin, Conseiller municipal.
Chollet, Conseiller municipal.
A. Rameau, Conseiller municipal.
Thiault, Conseiller municipal.
Lollier, Conseiller municipal.
C. Touvet, Conseiller municipal.
Baize, Conseiller municipal.
Lalloz, Conseiller municipal.
Lehmann, Conseiller municipal.
Lapostolest, Conseiller municipal.

Comité des Campagnes et de Secours local :

Lebleu, Administrateur, faisant fonction de préfet.
A. Juster, Président du Comice agricole et du Comité de Secours des Campagnes.
Jeantet, Secrétaire du Comice pour le Canton de Fontaine.
Simonnet, Conseiller de Préfecture.
Besançon, Trésorier des Comités de Secours, municipaux et administratifs.
Joseph Haas, Secrétaire du Comice agricole.
E. Lardier, Vice-Président du Comice agricole pour le Canton de Giromagny.
Courtot, Maire à Delle, Vice-Président du Comice agricole pour le canton de Delle.
Ch. Boigeol, Conseiller général.
Ed. Varnod, Ingénieur civil et membre du Comice agricole.
Comte de Gondrecourt, Conseiller de Préfecture.

La Société de Protection Alsacienne-Lorraine.

E. Saglio, Président de la Société de Protection Alsace-Lorraine.
Parizot, Vice-Président de la Société, etc.
Léon Stehelin, Président du Comité d'action.
Joseph Haas, Trésorier du Comité d'action.
L. Vengen, substitut du Procureur de la République.
Marzloff, Président du Tribunal civil.
Munschina, Procureur de la République.
Joseph Dietrich, Secrétaire général de la Préfecture.
Sibre, membre de la Société.
Jundt, Ingénieur des Ponts et Chaussées, membre de la Société.
Strackmann, Entrepreneur de la Cité ouvrière.
Chollet, Ingénieur des Chemins de fer, membre de la Société.
A. Juster, membre de la Société.
F. Juteau, membre de la Société.
Emile George, secrétaire.
Thiault, membre de la Société.
Menetré, membre de la Société.
A. Tagant, membre de la Société.

Belfort, le jour de Noël 25 décembre 1872.

En même temps que ce témoignage si flatteur de la reconnaissance Belfortaine parvenait à M. James Long, Représentant de la Société des Amis, il était invité, ainsi que M. Darton, leur Président à venir, le 8 avril, présider à l'inauguration des abris Alsaciens-Lorrains— CITÉ OUVRIÈRE — à la construction de laquelle il s'était si vivement et si puissamment intéressé.

Conformément aux prévisions, la première série, composée de vingt-quatre logements, put être livrée à autant de ménages qui y entrèrent, au jour fixé, au nombre de deux cents personnes.

Pour leur donner le temps de compléter leur installation, et pour éviter toute manifestation qui aurait pu résulter de l'agglomération de la population des campagnes qui témoignait du désir de se rendre en ville pour présenter ses hommages à son bienfaiteur, une promenade fut projetée dans les Communes rurales du rayon de Belfort, qui avaient le plus souffert des ravages de la guerre; et M. Long s'y rendit, accompagné par M. Lebleu, Administrateur; M. Stehelin, Président du Comité de protection; M. Juster, Président du Comité de secours aux campagnes, et de M. Jundt, Ingénieur des ponts et chaussées, etc., etc.

Ce fut partout une véritable ovation, car tous les habitants s'empressaient sur son passage pour lui exprimer, sous les formes les plus variées et les plus ingénieuses, leurs sentiments de profonde reconnaissance (monnaie de tout bon cœur, qui est le seul bien que les uns puissent offrir, mais que tous possèdent surabondamment dans cette excellente contrée.) Comme chaque village a su se distinguer par quelque détail touchant, nous allons, pour ne rien 'oublier, suivre l'itinéraire du cortège.

La première halte fut à Pérouse.

Après avoir été reçu par tous les habitants, M. le maire s'avance, et, d'une voix émue, lui adresse les paroles suivantes:

« Monsieur, je suis heureux de vous offrir le témoignage de la reconnaissance des habitants de Pérouse, et de vous assurer que le souvenir de vos bienfaits restera éternellement gravé dans nos cœurs.

» Vive le bienfaiteur de l'humanité! vive James Long! ».

Visiblement impressionné, M. James Long a répondu en ces termes:

« Je suis vraiment trop émotionné pour pouvoir vous exprimer les sentiments qui remplissent mon cœur. Si je me suis occupé aussi de secourir d'autres départements, c'est surtout le Haut-Rhin que j'aime et dont je me suis efforcé de soulager les misères.

» Vos témoignages me récompensent de toutes mes peines, et c'est pour la Société des Amis, qui ne demande pas de louanges, c'est pour moi aussi une grande consolation de voir que le bien que nous avons pu faire n'a rencontré que des cœurs reconnaissants.

» Vive la France, mes amis! Vive l'Alsace, la meilleure partie de la France! »

Des acclamations accueillent ces paroles et des coups de fusil répétés se mêlent à l'enthousiasme de tous.

Après cette réception, on conduit M. James Long à l'école où les jeunes filles le reçoivent par des chants, composés pour la circonstance, et très bien exécutés:

Saluons tous par des chants de bonheur,
Ce jour heureux si cher à notre cœur;
Et devançant une aurore si belle,
Montrons déjà l'ardeur de notre zèle,
Animons-le des flammes de l'amour.
Chantons amis, célébrons ce beau jour!

Il a pour nous la tendresse d'un père;
Il a pour nous les soins d'une mère;
De ses bontés reconnaissons le prix
En lui montrant que nous sommes ses filles.
De ses bontés, etc.

Chantons amis, tressaillons d'allégresse,
Chantons amis nos élans de tendresse.
Chantons amis, chantons amis, chantons amis,
Chantons amis, chantons amis!

De Pérouse, on se rend à Danjoutin, où les mêmes démonstrations se produisent, où les mêmes émotions se manifestent. Le maire, entouré de tous les habitants, souhaite à M. James Long la bienvenue en ces termes:

« Monsieur,

» J'ai l'honneur d'être l'interprète des habitants de Danjoutin pour vous remercier et vous offrir les témoignages de notre reconnaissance. C'est la Société des Amis qui nous a sauvés. Honneur à elle! Honneur à James Long, à qui nous devons une reconnaissance éternelle! Nous vous prions, Monsieur, de porter aux Amis les remerciements de nos mères et de nos épouses qui, grâce à vous, ont vu se relever leurs maisons que le fléau de la guerre avait dévastées! »

« Messieurs, a répondu M. James Long, je suis heureux de voir que votre position s'est améliorée. Vous avez beaucoup souffert et vous avez patiemment supporté vos souffrances. Vous avez donc bien mérité tout ce que les Amis ont pu faire pour vous secourir, et si, plus tard, j'ai encore quelques fonds à ma disposition, votre position s'améliorera, j'espère, davantage.

» J'estime et j'aime le peuple Français, et je le dis partout où je vais, que, parmi les populations françaises, celles de l'Est sont pour moi toujours des plus loyales, plus braves, et plus patriotiques.

2

» Que Dieu vous bénisse tous et vous préserve à l'avenir du fléau de la guerre! »

A Bavilliers, même ovation, mêmes sentiments de reconnaissance exprimés par le maire en ces quelques mots prononcés avec beaucoup de cœur :

« Comme maire représentant la Commune de Bavilliers, je viens, accompagné du Conseil Municipal et des malheureux incendiés par le siége de Belfort, vous remercier des dons que votre bienveillance a bien voulu leur accorder, et ce remerciement sort de cœurs reconnaissants. Nous répétons à l'unisson : Vive la Société des Amis! vive monsieur James Long! »

Cette visite de M. James Long dans les villages qu'il a si généreusement secourus, devait se terminer dignement à Essert. Dans cette Commune, plus que dans toutes les autres, M. James Long a répandu ses bienfaits. Essert, en effet, est le village qui a le plus souffert du siége de Belfort. Trente-six maisons avaient été détruites. Presque toutes sont aujourd'hui rebâties. Aussi les larmes de ces malheureux témoignaient de leur bonheur à la vue de leur sauveur que chacun voulut couvrir de fleurs en témoignage de sa gratitude.

Le maire, en leur nom, voulait lui adresser des remerciements :

« Monsieur et honorable bienfaiteur....» Ici il y eut un petit moment d'hésitation, mais l'orateur ému sut bravement se tirer d'affaire en exhibant son petit papier de sa poche, précédé et agrémenté de cette autre improvisation : « Je veux vous faire tout de même mon compliment; mais tenez, Monsieur Long, vous valez encore mieux que tout ce que je pourrais dire!.. » Alors, se trouvant à flot... « Monsieur, nous sommes heureux de vous revoir et de nous réjouir une seconde fois de votre présence en notre Commune, où vous retrouverez nos habitants reconnaissants du souvenir de vos bienfaits, qui resteront éternellement gravés dans nos cœurs.

» Vive James Long, notre bienfaiteur! »

On conduit alors M. James Long à l'école, où il est reçu par les enfants du village, qui se joignent à leurs parents pour lui témoigner de toute leur affection et lui offrir des vœux les plus ardents pour son bonheur :

« Monsieur, lui dit l'un d'eux, je suis heureux d'avoir été choisi par mes camarades pour être auprès de vous l'interprète des sentiments de respect et de reconnaissance dont nous sommes tous animés pour vous, pour tout le bien que vous ne cessez de répandre au milieu de nous, en aidant de votre puissant concours à relever, sur leurs ruines, toutes les chaumières incendiées pendant la dernière malheureuse guerre.

« Aussi bien que nos parents, nos jeunes cœurs connaissent déjà le prix et l'importance des bienfaits signalés.

» Nous vous remercions donc avec une grande effusion de cœur, et, unis à toute notre Commune, nous prierons le TrèsHaut qu'il daigne vous combler de bénédictions et vous conserver encore pendant de longues années ici-bas, afin que, à mesure que nous grandirons, nous puissions vous donner la joie et la consolation de toujours retrouver en nous des sujets dévoués et reconnaissants. C'est avec de tels sentiments que nous tous, d'une même voix, nous disons :

» Vive monsieur James Long! vive notre bienfaiteur! »

L'école des jeunes filles voulut, à son tour, prouver qu'elle prenait part à la joie commune, et au nom de ses compagnes, l'une d'elles récita l'allégorie suivante que méritait si bien la charité de leur Protecteur :

Un jour, c'était à cette époque,
Où le vent âpre des hivers,
Comme l'orfraie à la voix rauque,
Rend de tristes bruits dans les airs.

La nuit enveloppait le globe,
Et la neige aux flocons épais
Recouvrait, d'une blanche robe,
Le cadavre nu des forêts.

A maintes portes du village,
Vint frapper un pauvre vieillard ;
Sa tête se courbait sous l'âge,
Et des pleurs voilaient son regard.

« Oh! disait sa voix gémissante,
» Frères! un lit jusqu'à demain ;
» Aussitôt l'aurore naissante,
» Je continûrai mon chemin.

» Ne rejetez pas ma prière;
» Je meurs et de faim et de froid.
» Cette nuit sera ma dernière
» Si vous me fermez votre toit. »

Sa plainte traversa l'espace,
Mais nul ne vint le secourir.
Dans l'ombre il cherchait une place
Pour s'y reposer et mourir.

Lorsqu'il sentit sa main pressée
Par une douce main d'enfant,
Et puis une voix cadencée
Murmura d'un ton caressant :

« Venez, digne vieillard. Mon père
» N'a pour fortune qu'un bon cœur;
» Mais la porte de sa chaumière
» N'est jamais fermée au malheur. »

Et guidant le pas qui chancelle
Du vieillard surpris et charmé,
Notre Angèle, car c'était elle,
Regagna son toit enfumé.

Son père lui sourit. Puis empressé, agile,
Il courut au pauvre, et, lui pressant la main,
Le bénit d'avoir pris son chaume pour asile,
Et vers un feu brillant le conduisit soudain.

MORALE

Celui qui donne aux pauvres prête à Dieu; donnons donc sans compter, car Dieu mesure. A qui donne une obole au nom de Jésus-Christ, il sera rendu des trésors dans le Ciel. Soulageons avec notre compagne tous ceux qui souffrent et nous aurons aussi le bonheur de partager les joies de nos bienfaiteurs.

M. James Long, dans un langage d'une simplicité admirable, leur trace tous leurs principaux devoirs. Voici, en quelque sorte, ses propres paroles :

« Mes enfants, je suis heureux de m'adresser à vous, car c'est par les enfants que l'on arrive au cœur des parents.

» Travaillez pour devenir de bons serviteurs de Dieu. Aimez et vénérez vos parents et vos maîtres, afin de leur adoucir les maux qui les ont frappés, et afin de vous rendre plus tard des hommes et des femmes capables de prêter un concours efficace dans le relèvement physique et moral de votre chère patrie. »

Ainsi se terminèrent ces réceptions touchantes organisées par les habitants de ces Communes, que M. James Long a soulagées avec tant de charité. Sur tous les visages éclatait la joie la plus vive, et ce dut être, pour cet homme généreux, une douce récompense que de voir l'expression aussi vive et aussi franche des sentiments qui animaient les cœurs de ceux qu'il avait arrachés à la misère — et qui sont venus à le regarder comme le protecteur, né de toutes les infortunes... C'est ainsi qu'un pauvre incendié et vieillard infirme lui réclamait son fils comme soutien de famille; pendant que d'autres incendiés aussi en certain nombre, le priaient d'intercéder de nouveau auprès de Madame Thiers, afin d'obtenir une dernière subvention dont ils croyaient pouvoir s'en passer, mais hélas! leurs dépenses ont dépassé toutes leurs prévisions.

Inondé de fleurs et de bénédictions, M. James Long ne pouvait assez redire à ses collaborateurs combien il avait été touché des chaleureux remerciements de tous ces braves gens.

A deux heures, M. James Long se rend à la Société de protection des Alsaciens-Lorrains, pour présider une séance générale, en sa qualité de Président d'honneur.

La parole est donnée à M. Léon Stehelin qui, au nom de la Société, rappelle, avec émotion, les titres que la Société Anglaise des Amis et M. James Long se sont acquis à la reconnaissance des comités de Belfort et de ses environs, et des exilés d'Alsace.

Le comité Alsacien-Lorrain de Belfort, dit-il, regrette vivement l'absence de M. Darton, Président de la Société des Amis, dont elle avait sollicité la visite; elle eût été heureuse de lui exprimer la reconnaissance que lui inspire le puissant et haut patronage de la Société des Amis.

M. James Long, qui la représente, appartient à notre cité; il appartient à notre territoire alsacien par les bienfaits dont il n'a cessé de le combler. Au lendemain de nos désastres et de nos épreuves, il est venu, et vous savez ce que lui doivent les populations de nos campagnes et les orphelins de notre ville.

Ce n'était pas assez, car ce n'était pas tout. Au-delà de la frontière nouvelle, que nous impose la conquête, se trouvait une population toute entière atteinte dans sa nationalité. Un grand mouvement se préparait, qui allait frapper l'attention de l'Europe. Une partie de cette population allait déserter ses souvenirs, ses amitiés, ses ressources, ses foyers domestiques, pour se réfugier sur le sol de la mère-patrie. Le flot d'exilés devait passer par Belfort, sa première étape en France. Pour soulager les misères que l'émigration traîne à sa suite, une commission d'émigration pour l'Algérie avait été instituée à Belfort, dès le 16 novembre 1871, et une Société de protection dès le 18 mars 1872. Malheureusement les modestes ressources dont elles pouvaient disposer, dans un territoire épuisé, étaient sans proportion avec leurs charges. Après le grand et triste spectacle donné par l'émigration à l'échéance du 1er octobre, où il fallait par jour secourir jusqu'à deux cents personnes, et, par jour, dépenser jusqu'à 5,000 fr., le comité alsacien était en déficit de 22,000 francs, et allait être contraint d'arrêter son œuvre lorsque M. James Long apporta son dévoué concours à la cause des Alsaciens-Lorrains. Il entreprit, en personne, une campagne de charité en Normandie, et il faisait appel partout dans les journaux en faveur de Belfort. Partout les populations des villes et campagnes répondirent à son ardent appel. Rouen et le Havre mirent avec une patriotique et généreuse sympathie des sommes importantes à sa disposition, et aujourd'hui notre Comité à M. James Long une somme très considérable, dans laquelle les villes du Havre et de Rouen seules figurent pour 23,000 francs, respectivement.

Grâce à cette puissante intervention, notre Société a pu continuer et étendre son œuvre, et aux divers autres secours ajouter une CITÉ OUVRIÈRE pour abriter nos réfugiés Alsaciens, désireux de se domicilier dans notre ville. où ils trouvent du travail, mais pas la possibilité de se caser avec leurs nombreuses familles. Vingt-quatre logements sont édifiés et aujourd'hui occupés; vingt-quatre nouveaux logements sont en construction. Ainsi notre Société assure déjà le refuge qui leur manquait à plus de trois cent cinquante exilés d'Alsace.

Jusqu'à ce jour, la moyenne des habitants est de 7 à 10 têtes par maison et principalement des enfants en bas âge. Les statuts imposent au Comité d'Administration l'obligation de n'accepter comme locataires que des familles Alsaciennes-Lorraines émigrées, dont la conduite ne donne lieu, sous tous les rapports, à aucune observation. Dans ce but, le Comité ajoute à sa surveillance personnelle, celle d'un gardien préposé à ce service et chargé de constater à tout moment l'observation des règlements imposés aux locataires.

Les secours de toute nature et la gratuité du transport à des destinations utiles, ont été accordés par notre comité Alsacien-Lorrain, à ce jour 8 avril 1873, à 8,714 émigrants. La situation financière à la même date porte :

Aux recettes..................	270.689 80
Aux dépenses :	
Courantes........	140.979 12
Pour les logements construits.......	65.000 »
Pour les logements en construction.	65.000 »
	270.979 12
Déficit........	289 32

Malheureusement le nombre des logements est loin de répondre aux besoins les plus impérieux, et il serait indispensable de l'augmenter encore. La situation financière de la Société ne lui permettrait pas de développer son œuvre ; mais le passé lui répond de l'avenir ; elle était plus obérée au mois d'octobre 1871, et elle a été relevée par le dévouement du Représentant de la Société des Amis. Le dévouement s'est attaché à une grande cause, celle des exilés et des vaincus. Il ne l'abandonnera pas, et après tous les désastres de la France et tous les malheurs de l'Alsace, il nous permettra de dire en face d'une population secourue, de nos ruines relevées, des abris édifiés : *la charité prime la force*.

M. James Long remercia le Comité de Belfort de la reconnaissance qu'il exprime à la Société des Amis et à son Représentant; il donne connaissance de la lettre que M. Darton adresse, par son intermédiaire, à M. l'Administrateur et à M. Léon Stehelin, en réponse à l'invitation qui lui a été faite, et à laquelle il n'a pu se rendre. Cette lettre est ainsi conçue :

A Monsieur LEBLEU, *administrateur de Belfort, et à Monsieur* STEHELIN, *président du Comité de protection des émigrés Alsaciens dans cette ville.*

Messieurs,
Je veux vous accuser réception de votre gracieuse invitation d'assister à votre réunion le 8 avril. Rien n'aurait pu me procurer plus de satisfaction que de me trouver auprès de James Long, votre excellent ami et le mien, dans cette occasion si intéressante. Mais malheureusement les devoirs que m'impose ma position à ce moment, me placent dans l'impossibilité de m'éloigner de Londres. Néanmoins, je serai avec vous de tout cœur le jour de votre fête, et j'espère qu'elle sera propice sur tous les rapports, et que les sentiments de vraie amitié qui prévalent maintenant si heureusement entre la France et l'Angleterre, puissent être perpétués entre les deux peuples par l'interchange de tous bons services.

Veuillez bien, Messieurs, agréer pour vous et pour vos dignes collaborateurs l'assurance de ma sympathie la plus cordiale dans tous vos efforts patriotiques, et me croire toujours le votre sincèrement.

F. GATES DARTON,
Président du Comité exécutif de la Société Anglaise des Amis.

M. James Long, après avoir, en termes touchants, dit combien était vive sa sympathie pour les malheureux émigrants d'Alsace et de Lorraine, et pour le Comité qui leur vient en aide à Belfort, lui annonce un nouvel envoi de 4,000 francs, venant de Rouen, par l'entremise du vice-président du Lloyd Rouennais, dont il se plaît à reconnaître le concours toujours empressé chaque fois qu'il s'est agi de seconder ses bienveillantes dispositions pour Belfort.

M. James Long rappelle, en même temps avec émotion la patriotique générosité qui a répondu à son appel dans la Seine-Inférieure, et surtout au Havre et à Rouen, à Nice, à Nîmes, à Toulouse et à Cherbourg, sans parler d'autres villes trop nombreuses à citer. Il connaît toutes les charges du Comité de Belfort et le dévouement qu'il apporte pour y satisfaire. Il lui maintiendra son concours affectueux. Il estime que le nombre des logements doit être porté à soixante et il fera tout ce qui dépend de lui pour mettre le Comité en situation de terminer l'œuvre, à condition que le Comité s'engage, de son côté, à faire tout ce qui dépendra de lui pour lui rendre achevés à la fin de juillet — l'heureux jour de la libération de notre territoire.

La lourde tache que M. Long entreprend si courageusement, lui aurait été facile au moment où la sympathie de la nation en faveur de nos émigrés était encore vive — mais il arrêta ses quêtes, croyant qu'à cette époque des fonds suffisants étaient déjà recueillis pour satisfaire à toutes les dépenses légitimes de l'émigration, qui pesaient sur Belfort, et ne voulant pas abuser de la générosité publique. Malheureusement ces espérances ne se sont pas réalisées. L'émigration est persistante. Espérons néanmoins, que des âmes bienfaisantes et patriotiques prêteront encore le concours indispensable à l'accomplissement de cette bonne œuvre.

La Société renouvelle ses plus chaleureux remerciements à M. James Long et le prie d'être l'interprète de sa profonde reconnaissance envers la Société des Amis,

les villes de Rouen et du Havre, et tous ceux qui ont répondu à ses généreuses démarches.

M. Xavier Lebleu adresse au Représentant de la Société des Amis quelques paroles émues et les termine en s'écriant avec tous les membres de la Société : Vive James Long !

La séance est levée.

CITÉ D'ALSACE
construite
POUR LES ALSACIENS ET LORRAINS RÉFUGIÉS
à
BELFORT

Dédiée à la Société des Amis

Après cette réunion, M. James Long, entouré de tous les membres du Comité, se rendit à la CITÉ OUVRIÈRE. On lui montra la disposition intérieure des logements et on lui fit examiner tous les aménagements qui en augmentent l'utilité. Il y prêta une sérieuse attention et se déclara fort satisfait du résultat obtenu, et de voir le contentement de tous ces bons Alsaciens qui, tous, le remerciaient avec effusion d'avoir contribué si largement à leur procurer un refuge aussi complet et aussi confortable, tout à la fois en France et en Alsace.

L'un des moins heureux n'était pas ce pauvre Israélite, qui s'empressa de cueillir les plus grosses pensées du parterre de son petit jardin, pour les offrir à M. Long, en lui disant : « Ce sont là les premières fleurs poussées sur cette terre hospitalière qui nous abrite. Recevez-les, monsieur, et elles vous diront que nous penserons toujours à vous. »

Après la visite des hôtes de cette première cité, placée dans le riant vallon du faubourg des Vosges, M. James Long fut invité à poser la première pierre de son

propre ouvrage et d'une nouvelle série de maisons ouvrières, et, avec une grâce charmante, il prit la truelle et cimenta les deux premières pierres comme l'emblème de l'union indissoluble qui rattache l'Alsace à la France.

« J'espère, Messieurs, a-t-il dit alors, que cette réunion augmentera encore l'amitié qui nous unit tous personnellement, et cette entente cordiale qui unit, aujourd'hui et plus que jamais les deux peuples Français et Anglais. — Oh ! comme je sens aussi bien vivement que ces deux pierres que je viens de poser représentent la solidarité et l'union inaltérable qui attachent l'Alsacien-Lorrain à la mère-patrie.

» Nous avons déjà accompli une grande partie de notre œuvre ; espérons que nous aurons bientôt la satisfaction de la voir achevée, et que Dieu, l'architecte divin, bénira nos efforts et bénira tous ceux qui nous ont prêté leur concours, et que ces nouvelles demeures deviendront l'habitation de la paix et du bonheur. »

« Braves et vertueux ouvriers,... des

3

journaux étrangers avaient annoncé que c'était la lie de l'Alsace qui se rendait en France... Pour moi, je savais que toute l'Alsace était bonne, mais après avoir vu ce que je vois, je souhaite à toutes les nations une aussi honnête population ouvrière que celle que je trouve ici devant moi.... Au revoir mes amis,... persévérez toujours dans ces bonnes dispositions; et, pour vous encourager, je promets une récompense de 100 fr., lors de ma visite du 5 août, à celui qui soignera le mieux son ménage et son jardin. »

La Société se rendit de là au nouvel ORPHELINAT. Après en avoir parcouru toutes es salles, M. James Long félicita les Membres du Conseil Municipal d'avoir choisi, pour leurs pauvres Orphelins, non-seulement la plus belle position, mais aussi la plus belle propriété de la ville — ce qui est la meilleure preuve de la noblesse et de l'excellence des aspirations des Belfortains.

Il est heureux d'avoir aussi à les féliciter du grand désintéressement dont vient de faire preuve cette personne charitable à Delle, qui a voulu conserver gratuitement chez elle les orphelins pendant deux ans et jusqu'au moment où une nouvelle demeure pourrait les recevoir dans leur ville natale.

Dans la visite qu'il fait aux enfants, un d'entre eux lui adressa ces paroles :

« Monsieur, vous êtes, de concert avec M. l'Administrateur, M. le Maire et tous ces Messieurs, le protecteur du pauvre et de l'orphelin. Partout où il y a des souffrances à adoucir, des misères à soulager, on voit accourir M. James Long, qui ne craint ni peine ni fatigue. Son cœur compâtissant le transporte au delà des mers, et son âme généreuse le ferait voler aux extrémités du monde pour secourir l'infortune.

» Soyez mille fois bénis et remerciés, chers bienfaiteurs, pour tout le bien que vous faites à de pauvres enfants qui feront monter tous les jours vers le Ciel une prière pour leurs généreux protecteurs, et Dieu lui-même se souviendra de tous les dons que vous répandez avec tant de profusion. »

A la fin de cette belle journée, un banquet, offert à M. James Long, réunissait des membres de tous les Comités de Belfort.

La salle, décorée des fleurs offertes à M. James Long le matin comme gage de reconnaissance dans les nombreux secourus dans les communes visitées, était pavoisée des couleurs d'Angleterre et de France, dont les drapeaux entrelacés, en signe d'union, étaient surmontés des deux grandes maximes :

« RES NON VERBA, »
« FIDES, SPES ET CARITAS, »

qui ont si souvent attiré les Amis à Belfort devenu pour eux l'un de leurs champs d'activité le plus préféré et le plus fécond.

Le repas terminé, des toasts furent portés par M. le maire et par M. Juster à la santé de M. James Long et à la prospérité de la Société des Amis.

DISCOURS DE M. LE MAIRE DE BELFORT

« Messieurs,
« L'absence de notre président me confère l'honneur de souhaiter à M. James Long la bienvenue au milieu de nous.

« Il y a deux ans, messieurs, nous sortions d'épreuves terribles. Autour de nous, les ruines étaient accumulées. Les Amis sont venus, et avec un dévouement qui reste au-dessus de tout éloge, ils ont réparé les désastres qui nous avaient accablés. Nos champs, ravagés par la présence de l'ennemi, sont aujourd'hui rendus à la culture, et nos maisons, que les rigueurs d'un siège mémorable avaient détruites, sont restaurées et rebâties. Depuis la guerre, les Alsaciens que leur profond attachement à la mère-patrie oblige à fuir leur foyer, viennent en grand nombre réclamer nos secours et nous demander un soulagement à leurs besoins et à leurs misères. Malgré notre activité et notre désir, nos ressources n'auraient pu suffire à satisfaire ces demandes continuelles. Mais M. James Long est venu, et, avec une charité admirable, il nous a permis de faire face à toutes nos dépenses. Grâce à lui, nous avons pu soulager nos malheureux frères, et, si nos orphelins sont aujourd'hui installés auprès de nous, c'est encore à lui que nous le devons.

« Je vous propose, Messieurs, d'honorer là Société des Amis en buvant à la santé de M. James Long dont nous avons tous admiré le dévouement, la générosité et la charité ! »

DISCOURS DE M. JUSTER, PRÉSIDENT DU COMITÉ DES SECOURS AUX CAMPAGNES

« Bien dévoué et très honorable ami,
C'est au nom de tous les autres comités de Belfort et de ses environs, qui furent si souvent honorés de la faveur de [la Société des Amis, et qui lui doivent une portion si notable de tout le bien réalisé au milieu de nous, que je veux, à mon tour, laisser déborder mon cœur dans une bonne santé, dans la meilleure des santés, une santé qui promette à tous ses zélés collaborateurs, de pouvoir jouir bien longtemps, de jouir aussi longtemps qu'ils le méritent du souvenir de tous les heureux qu'ils ont faits ici et partout ailleurs, sur notre chère terre de France.

« En les contemplant, et ils sont nombreux, car avant d'être exilés, ils étaient incendiés, ravagés, les uns furent blessés, les autres étaient devenus orphelins! Eh! bien, à tous, le digne Représentant des Amis a su ouvrir ses bras charitables... Oui, et je me plais à le constater, et c'est une justice que nos bonnes relations de chaque jour me permettent de lui rendre... Aucune misère n'est jamais apparue devant lui, sans qu'à l'instant même, il ne se soit avancé vers elle, pour lui offrir un secours efficace et toujours capable de la soulager.

« En les contemplant pendant cette excursion (si triomphale pour vous), à travers la ville et les campagnes, et en les retrouvant aujourd'hui si reconnaissants, tout joyeux et si ranimés après tant de désastres, vous auriez pu vous écrier avec un légitime orgueil: *Exegi monumentum*... Oui, vous avez élevé un monument à la CITÉ OUVRIÈRE ALSACIENNE-LORRAINE, à l'ORPHELINAT, et au milieu des reconstructions de toutes nos CHAUMIÈRES, un monument plus durable que d'inutiles conquêtes .., un monument qui toujours aura plus de prix que ces victoires qui ne font que mutiler les liens les plus sacrés des nations...., un monument plus radieux même que l'auréole de la gloire qui, pour une âme aussi vertueuse que la vôtre, n'est que fumée, qu'une ombre projetée par un corps qui se meut dans l'espace, d'après la règle du devoir (et qui, parfois, s'en écarte considérablement); plus radieux surtout que cette autre gloire qui ne procure l'enivrement du triomphe aux uns, qu'en laissant partout ailleurs un abîme de désespoir et d'inénarrables douleurs..., un monument, enfin, que le temps et les éléments respecteront, car sa force principale repose sur la grandeur d'âme et l'amour de l'humanité; force seule vraie et toujours ennemie, mais réparatrice des fautes et des oppressions de toutes celles qui essaieront en vain de s'établir en violentant les consciences et en foulant aux pieds les notions du droit et de la justice... Et il est encore écrit que celui qui aura contribué à édifier un tel monument, ne saura mourir tout entier, car une grande partie de son être lui survivra dans la postérité.., Oui, toujours plus vivant dans la mémoire des peuples, il y demeurera, comme une preuve éclatante de la toute-puissance de la charité et de son action bienfaisante et civilisatrice à travers le monde........

« Fasse le ciel que les sentiments de fraternité, qui ont fait explosion dans tant de nobles cœurs de tous pays, alors que notre pauvre France, toute meurtrie, avait été choisie comme une grande victime, pour attirer à elle toutes les âmes d'élite..., leur apprendre à se compter, à grouper leurs communs et généreux efforts, et faire paraître devant l'univers étonné ces prodiges d'héroïsme que pouvait seule enfanter l'assistance mutuelle dans le malheur!..

« Fasse le ciel, dis-je, que ces sentiments, qui sont déjà ceux des hommes de paix et de bonne volonté, apprennent à tous les autres, que la plénitude et le comble du bonheur pour l'homme, c'est de s'oublier, afin que, dégagé des étreintes de l'égoïsme, il puisse s'élever à cette altitude qui lui fera rechercher toutes les occasions de ne plus jamais se montrer indifférents à aucune des douleurs de la grande famille humaine.

« C'est à ce sublime enseignement que la Société des Amis s'est formée.

Res non verba.

Oui! fidèle à sa devise, elle a su toujours agir sans hésitation, se montrer toujours prompte à secourir les uns les autres, et toujours prête à tendre une main fraternelle, sans exception de parti, ni de nationalité, ni de religion, à tous ceux qui souffrent des épreuves ou des afflictions de la vie.

Fides, spes et caritas.

C'est là l'espoir des malheureux, comme des exilés... aussi des opprimés, car si sa foi lui fait une obligation de se sacrifier, sa charité lui en fournit tous les moyens.

« Je n'ai pas besoin de vous redire combien il m'eût été agréable de rendre bon témoignage de cet admirable dévouement, et d'en attribuer le premier mérite à leur digne président, qui a su communiquer à tous les Amis, la chaleur de sa grande âme. Dites au moins à M. Darton, tous nos regrets de n'avoir pu lui offrir l'hospitalité de notre cité et de nos campagnes reconnaissantes; exprimez lui nos vœux les plus ardents pour la prospérité de son œuvre, si éminemment humanitaire.

« Et c'est en son honneur que je veux vous proposer, messieurs, de vider notre seconde coupe:

« A la Société des Amis! Oui..., qu'elle vive!

« Je dois encore, Messieurs, m'inspirant des sentiments dont est pénétrée toute cette assemblée, vous convier à cette bonne santé, toute la Nation Anglaise, car personne en France n'ignore que tout ce peuple, les riches comme les pauvres, ont voulu apporter leurs offrandes pour nous prouver toute leur compassion à nos malheurs et toute leur sympathie à notre cause!

« Répondons leur, Messieurs, en buvant à l'alliance la plus étroite entre les deux peuples! »

Au milieu des acclamations qui accueillirent ces toasts réunis, M. James Long se leva et répondit en ces termes:

« Monsieur le maire, Monsieur Juster et Messieurs, — mes bons amis tous, vous m'accablez d'honneur, vous m'accablez de reconnaissance, que je ne puis accepter que dans mon caractère de Représentant de la Société des Amis, et au nom de tous ceux qui, soit en France soit en Angleterre ou ailleurs, m'ont prêté leur bienveillant concours. En leur nom, je vous remercie du fond de mon cœur. Quant aux Amis, je ne puis que dire que vous avez trouvé de bonnes paroles pour louer une œuvre qui ne cherchait pas la louange. Heureusement, je n'ai plus besoin, comme au commencement de ma mission en France, d'expliquer qu'est ce qui sont les Quakers ou les Amis. Surtout je n'en ai plus besoin dans les pays secourus par leurs efforts, et où on les a vus à l'œuvre, et plus particulièrement à Belfort, et parmi vous, Messieurs, qui m'avez exprimé si souvent votre haute appréciation sur leurs Principes et sur leurs Actes. Par leurs Actes spécialement, ils vous sont connus, et par leurs Actes ils sont connus partout. Leurs Actes, vous les admirez et le monde entier les admire — et nous avons la plus haute autorité pour dire que « l'arbre est connu par son fruit. »

C'est notre conviction à tous, Messieurs, et à tous ceux qui me connaissent, qui connaissent la Société des Amis, par ses principes et par ses Actes, je ne serai pas suspect en affirmant, que cette Société se montre composée de membres enflammés uniquement du désir d'être bons, pratiquer la philanthropie la plus haute sans esprit de propagande et sans espoir d'une autre récompense que celle de la conscience satisfaite.

» Plus heureusement encore pour moi à ce moment, tout émotionné, comme je le suis, par vos bonnes paroles et par les touchants et si agréables événements de cette belle journée, la devise des Amis—

RES NON VERBA

placée sous mes yeux par votre délicate attention, me défend de vous entretenir de vaines paroles. Je veux être bref alors, et me borner à dire que les Amis, tout en se conformant à leurs principes, en s'opposant à la guerre, et en refusant de répandre le sang de leurs frères, ne manquent pas de courage, et ne sont pas moins les vrais et les véritables Amis de la France. Ils ne veulent pas montrer la bravoure de celui qui, guidé par une fausse et folle idée de gloire ou enivré par les applaudissements de ses camarades, court à l'assaut, car un tel acte serait contraire à leurs principes, mais le Quaker est toujours le premier à réparer la brèche et le dernier sur le champ de bataille — car, en pareilles occasions, lui aussi a toujours son champ de bataille tranquille et pourtant glorieux, où il

lutte contre le froid, la famine et la peste, et où ses plus grands efforts sont consacrés à soulager les malheureux et malades, et à secourir les veuves et les orphelins—victimes innocentes des guerres déplorables.

Si le Quaker ne déploie pas ce qu'on appelle le courage, il montre une qualité plus élevée encore, que je regrette de ne trouver pas désignée dans votre langage — la Fortitude — vertu de celui qui, quoique seul, se tient à son poste, parce qu'il est un point d'importance, et quoiqu'il sache que sous ses pieds le terrain est miné, et peut éclater d'un instant à l'autre et le mettre en morceaux — qualité qui devrait rendre le Quaker le meilleur soldat du monde, si ses principes lui permettaient de prendre les armes — qualité qu'il faut en toute justice y proclamer dans la vaillante cité de Belfort, qui se déclare souvent plus prononcée chez le sexe que l'homme, dans sa fierté, ose appeler le plus faible — qualité qu'on n'a jamais rencontrée nulle part plus développée, ni plus en action qu'en France pendant la dernière guerre, et parmi les Belfortaines et Messines et leurs dignes associées les Quakeresses Anglaises, qui ne reculèrent ni devant la maladie, ni devant la fatigue, mais qui furent toujours prêtes à se dévouer jusqu'à la mort (et il y en a eu de mortes à leur poste pestifère, au milieu de la désolation et de la famine, de la peste et de la mort qui régnaient dedans et au loin en dehors de l'infortunée ville de Metz), et qui se sont montrées les dignes émules de leurs pères, leurs frères et leurs maris, en apportant aux populations Françaises, ravagées par les armées, épuisées par la faim et frappées par les épidémies, des secours de toute nature, dont les circonstances de l'endroit ou de moment avaient développé le besoin. Oui, Messieurs ! c'est un devoir de le proclamer tout haut que, sans l'exercice de cette grande qualité, la Fortitude, qui distingue principalement les dames, et sans leur concours intelligent, notre tâche n'aurait pu s'accomplir avec tant de succès, car pour elles comme pour les Amis en général, secourir les malheureux est devenu une sorte de profession. Et quant aux secours apportés à Belfort et à ses environs, il y a des collaborateurs et collaboratrices qui méritent une mention toute spéciale, des noms tout prêts à s'échapper de nos lèvres, et que bien à contre-cœur nous nous abstenons de prononcer, de crainte d'encourir le reproche d'avoir fait une distinction partiale. Et c'est au nom, Messieurs, de toute cette phalange de bienfaiteurs et bienfaitrices que j'ose agréer un tel comble de reconnaissance et d'honneur que les Belfortains ont bien voulu porter sur moi aujourd'hui, et c'est en leur nom que je veux vous remercier.

» Mais j'ai dit, Messieurs, que le Quaker est toujours le premier à réparer la brèche et le dernier sur le champ de bataille, et que pour lui la lutte n'est jamais contre ses frères, mais une campagne incessante contre le mal et en faveur du bien — un soldat qui fait cette guerre à ses propres frais et qui n'hésite jamais, quand il se trouve appelé par la conscience du devoir, à quitter ses affaires, à quitter sa famille, à quitter même son pays pour lutter corps et âme contre les malheurs nombreux qui affligent l'humanité, et parmi lesquels il considère la guerre comme une des malédictions les plus amères qui frappent les nations.

» La Société des Amis ou des Quakers, tient alors à imprimer à ses secours un caractère de durée qui en multiplie les effets ; elle prend pour ainsi dire sous sa tutelle ceux qu'elle avait abrités pendant la tourmente, et jusqu'à ce que la calamité soit passée, et le calme rétabli ; et c'est pour cela, en quelque sorte, que son Représentant se trouve encore sur le sol de la France.

» La Société des Amis, qui a été témoin par ses Délégués dévoués des douleurs et des tristesses que la guerre avait apportées à la France, et qui a vu ses champs ravagés, ses fermes détruites, ses granges pillées, ses étables dévastées et son agriculture expirante — qui a vu ses maux et et souffert de ses souffrances — a voulu entreprendre l'œuvre de réparation en toute manière et autant qu'il l'a été en son pouvoir ; et quand, aujourd'hui, je parcours le pays d'un bout à l'autre, c'est pour moi une merveille que de voir le changement.

» Oui, Messieurs, quand je pense à cette heure terrible, quand tout était ou semblait perdu, quand la ruine se répandait tout autour, quand les champs restaient incultes, quand il n'y avait ailleurs ni semence, ni argent, ni marché, quand les enfants criaient pour avoir à manger et qu'on n'avait rien à leur donner, quand les gens âgés et les enfants innocents, les malades et même les forts, victimes également de la disette, grelottaient de froid, et n'avaient ni vêtements convenables pour se couvrir, ni lits où se reposer, et trop souvent pas même un toit pour s'abriter des intempéries — quand je pense, Messieurs, à tout cela, et que je regarde autour aujourd'hui, et que je vois ces campagnes naguère ruinées, maintenant dans la prospérité, il m'apparaît miraculeux — un résultat au delà de mes plus hautes espérances. Et si à cet heureux résultat, la Société des Amis et son Représentant ont contribué par leurs humbles efforts, croyez-le, ils se trouvent hautement récompensés par la contemplation de votre bonheur, et ils se plaisent à constater que dans nulle partie de la France plus que dans ces contrées de l'Est, ils ont trouvé des êtres qui aient au-

tant souffert et qui aient supporté plus dignement leurs souffrances.

» Oui, Messieurs, je l'ai souvent dit et je me plais de le répéter partout où je vais, que de toutes les populations que j'ai eu la satisfaction de secourir, c'est parmi les Alsaciens-Lorrains, et sur le territoire de Belfort, que j'ai rencontré le moins d'exigences et le plus de *fortitude* et de reconnaissance. Souvent j'ai déjà parlé des vertus civiques et de toutes les qualités si rares et si précieuses de vos braves populations, et je continuerai à les citer comme exemple et à apprendre à tous, comment, après avoir si vaillamment rempli tous leurs devoirs de bons citoyens, elles ont su conserver l'attitude la plus calme et la plus digne au milieu de leurs diverses et continuelles épreuves ; et depuis qu'ils ont su m'offrir d'une manière si touchante leurs remerciements, je ne puis que dire comme le brave maire d'Essert : « Elles valent mieux que tout ce que je puis vous dire. » Espérons, Messieurs, que l'avenir répondra au passé et que, jusqu'à la fin, les Belfortains montreront a même résignation et la même élévation dans les sentiments.

Mais, Messieurs, le sujet m'emporte et j'ai presque oublié que c'est « des actes et pas de paroles » qu'on attend du Représentant de la Société des Quakers ou des Amis. Quant à l'œuvre de réparation dans tous ses détails, entreprise par cette Société en France, œuvre qui, depuis deux ans, a complètement absorbé mon attention, c'est inutile que je vous en parle plus longuement ici. Vous êtes au courant de toutes les catégories de détresse que j'ai été assez heureux de pouvoir contribuer à soulager, et vous savez qu'il y a des milliers et des milliers de demeures en France, où les hommes se rappelleront toute leur vie et raconteront à leurs enfants comment, à cette heure terrible, ils ont été sauvés du désespoir par les Amis et encouragés à envisager l'avenir.

» Oui, vous savez, Messieurs, que les semences si variées et si largement répandues par les Amis, ne sont pas tombées dans un terrain stérile. mais qu'elles ont déposé dans les cœurs Français, un germe qui ne saurait mourir — celui de la reconnaissance et d'une sympathie inaltérable — fait dont j'ai eu le plus frappant témoignage quand je quêtais pour votre pays et pour ces exilés volontaires, vos malheureux frères d'Alsace-Lorraine, et quand de tous les coins de la France, on a généreusement répondu à mes appels — aux appels d'un étranger, sans prestige dans votre pays, sauf le nom d'Ami — en souscrivant, en quelques mois, un Demi-Million de francs. Mais de toutes ces œuvres, il y en a une surtout qui m'a vivement intéressé, et que je cherche encore à mener à bonne fin — c'est de secourir

4

davantage ces pauvres émigrés, spécialement ceux qui se sont réfugiés parmi vous et ont fixé leur domicile dans votre ville.

» La ville de Belfort, si cruellement éprouvée, a été noble d'abnégation dans ces circonstances....., mais, réellement, elle a été littéralement débordée et vous ne pouviez tout faire. J'ai été bien heureux alors de vous venir en aide et les événements de ce jour me récompensent largement de toutes mes peines.

A l'émigration Alsacienne-Lorraine — cette émigration forcée et en même temps volontaire, je porte grand intérêt, étant moi-même membre d'une famille originaire de la France, et émigrée de la patrie, dans une autre crise de son histoire, maintenant éloignée et encore rapprochée par le rapport des circonstances — époque où le pays perdit également une forte proportion de ses meilleures populations. J'ai hérité alors d'un amour pour la France, et c'est pourquoi je me suis dévoué depuis deux ans sans relâche et de tontes mes forces, à panser les plaies de la patrie et à essuyer les larmes de ses enfants, qui sont à moi comme Représentant de la Société des Amis, doublement frères.

» Tant que je pourrai alors vous prêter mon concours pour que vous puissiez garder en France les meilleurs de ses enfants, je le ferai de tout mon cœur — mais pour les expatrier — *jamais* La France n'a pas de population à perdre, et surtout ne saurait-elle laisser aller à l'étranger la crème de la nation.

» Oui, j'ai toujours aimé la France et j'ai appris de la mieux aimer même dans ses malheurs que dans les jours de sa plus flère prospérité. Ainsi ces deux années que j'ai consacrées à porter mon humble concours à son relèvement, je les regarderai toujours comme les plus heureuses de ma vie. Plaise à Dieu, Messieurs et mes chers amis, que le même bonheur vous attende tous à proportion de vos efforts, et qu'il vous laisse encore celui de voir la Patrie sortir de ces épreuves plus pure, plus puissante, plus glorieuse que jamais. Tels ont été, Messieurs, les humbles efforts de la Société des Amis et de son Représentant, et tels sont leurs vœux pour vous et pour la France.

» De nouveau et au nom de la Société des Amis et de tous nos collaborateurs et collaboratrices, je vous remercie, Messieurs, et je veux vous remercier de toute mon âme. »

M. l'Administrateur se leva à son tour, et après avoir d'une voix émue rappelé encore les bontés de M. James Long pour la France et pour l'humanité, il ajouta :

MESSIEURS,

Tout en vous conviant à porter un dernier toast, je désire exprimer quelques-unes des pensées dont nos cœurs sont remplis au contact de cet hôte si bon, si excellent.

La journée a été trop belle pour ne point en tirer l'enseignement qu'elle comporte !

Pour moi, M. James Long, que nous sommes si heureux d'avoir au milieu de nous, est la preuve vivante et palpable de la puissance du bien, de la supériorité du juste et du bon sur la force matérielle et brutale.

Aussi, laissez-moi vous dire, moi qui le connais depuis plus longtemps que la plupart d'entre vous, un détail de sa vie, que sa modestie me pardonnera de révéler.

Vous vous rappelez encore combien, au début de cette déplorable, de cette épouvantable lutte si imprudemment engagée, la grande nation Anglaise semblait peu favorable à la France : l'opinion publique en Angleterre, nous tenait rigueur de l'initiative matérielle dont le gouvernement d'alors avait pris si témérairement la responsabilité.

M. James Long était en France, malade et très souffrant. Il avait demeuré en Allemagne : il venait de quitter ce pays : il connaissait le fond des choses. Sa droiture, son amour du juste et du vrai, lui imposent, malgré sa faiblesse, le devoir d'agir.

Désormais, le cœur de M. James Long était à la France; il court à Londres ; sa connaissance des souffrances de notre pays, son noble caractère, le désignaient comme le Représentant légitime de cette Société des Amis, dont les efforts, les tendances vont au bien, partout où il est à réaliser, comme l'aiguille de la boussole tourne au nord.

Vous le savez, Messieurs, c'est cette Société qui s'est dévouée, dès son origine, au salut d'une partie de la grande famille humaine, condamnée à une odieuse servitude.

L'abolition de l'esclavage est une des plus généreuses, des plus ardentes et des plus constantes préoccupations de la Société des Amis. C'est un titre d'honneur pour la libre Angleterre.

Tout récemment ses sympathies ont été éveillées par le sort des populations de nos provinces écrasées sous le flot de l'invasion.

Les Amis accourent au malheur comme d'autres au plaisir.

Aussi laissez-moi, le canon retentissait encore, la guerre n'avait point fini de sévir que M. James Long, leur Représentant, oublieux de ses souffrances personnelles, accourait prodiguant partout les consolations et les secours.

Nos misères étaient soulagées, nos plaies cicatrisées. Mais, hélas! restait la plaie saignante!... Les deux provinces arrachées à la famille Française, ces deux portions de peuple violemment privées de leur nationalité si chè e. L'Exode commençait pour les Alsaciens-Lorrains. Quel but plus touchant à ce besoin de dévouement et de charité de la Société des Amis?

M. James Long recommence une nouvelle campagne; il nous prodigue de nouveaux secours. D'une main il répand ses bienfaits, de l'autre il montre dans la devise des Amis ce mot rayonnant, si précieux à ceux qui souffrent: Espérance!

» L'Espérance! oui, nous la conservons intacte.

» Dites, Monsieur James Long, au très honorable Président de la Société des Amis que nous l'avons vivement regretté, que nous aurions voulu le remercier et l'assurer de notre ferme Espérance dans le triomphe définitif du Droit, de la Justice et de la Liberté!

»Je finis, Messieurs, en vous proposant un toast de remerciements à Mme Thiers, Présidente du Comité du sou des Chaumières, dont nous avons ce matin constaté également les œuvres de restauration accomplies dans nos villages; à la ville de Rouen, et du Havre, qui ont, à l'appel de M. James Long, aidé Belfort à venir au secours des Alsaciens — à leur offrir des abris, des secours et des consolations!»

M. Long, vivement ému, répond ainsi:

«Monsieur l'Administrateur et Messieurs, je vous remercie cordialement des paroles trop élogieuses que vous avez bien voulu prononcer à mon égard. Je trouve qu'en tout ce que, grâce à Dieu, j'ai réussi de faire, je n'ai fait qu'un tout simple devoir — et lé devoir est toujours léger, toujours facile et n'est jamais pénible, mais un vrai plaisir, quand on le fait de bon cœur — de toute son âme. Ainsi, on oublie ses infirmités — on oublie ses souffrances, et chaque obstacle ne donne que le courage.

»J'ose présumer de vous remercier même au nom de Mme Thiers, dont j'ai eu l'honneur d'être le collaborateur dans l'œuvre de reconstruction des chaumières dans plusieurs Départements; car je sais que Mme la Présidente, comme son mari, porte grand intérêt à ce coin de la France et qu'elle sera toujours heureuse de faire tout ce qui dépend d'elle pour secourir ces braves populations.

» Je vous remercie également au nom de M. Darton, président du comité exécutif de la Société des Amis. Il regrette vivement de n'avoir pas pu être parmi nous ce soir. Il vous a communiqué ses regrets par lettre, mais il m'a chargé de les répéter de vive voix et de vous annoncer quelque subvention encore à la construction de la Cité Ouvrière — ce que je ne suis que trop heureux de faire, car cela montre toujours davantage que chez les Amis on ne se contente jamais de vaines paroles — que *Res non Verba* est bien leur devise, et qu'ils lui font tous honneur.

» Vous avez parlé, Monsieur, de cette devise — vous avez parlé de l'*espérance* — vous m'avez assuré que Belfort l'a conservée intacte — Et je suis heureux, bien heureux de le savoir; car nul homme doué d'une âme haute ne peut avoir été spectateur des efforts de la France pour se sauver des étreintes de son ennemi et vouloir que la nation abandonne l'espoir de voir venir le jour où ses enfants, arrachés de son embrassement, lui seront rendus; et encore moins celui qui a été témoin du déchirement de cœur qu'a causé la prise de la ville de Metz — ville pucelle —ville la plus Française de tout ce qui est Français — faut-il vouloir que la France devienne, sauf temporairement, comme une Rachel pleurant ses enfants et n'ayant pas voulu être consolée de ce qu'ils ne sont plus.

» Non! Et quoique rien ne soit plus éloigné de nos sentiments que de prêcher *la revanche* — néanmoins nous espérons de voir encore le jour où tout cela s'arrangera pacifiquement — *quand le peuple captif sera ramené par des moyens plus chrétiens que le carnage de la guerre*; car « les cœurs des rois et des princes sont en la main de l'Eternel comme les ruisseaux d'eau; il les incline à tout ce qu'il veut ».

Je parle aux hommes sérieux. « C'est la foi qui sauve. » — c'est la foi qui engendre l'espérance, et c'est ma ferme conviction que la tranquillité interne, l'économie la plus rigide, le développement de l'industrie et du commerce, et la réforme individuelle et nationale sont les moyens, plutôt que la mitrailleuse et le chassepot, de relever la France à son ancienne splendeur parmi les nations. Et à ceux qui, comme moi, ont eu une occasion favorable de noter les ressources merveilleuses de la France et d'étudier l'élasticité proverbiale de son génie, et les forces récupératives de la nation, il n'y a rien de trop fort à espérer — pourvu seulement que tout cela soit tempéré par « la crainte de l'Eternel, qui est le commencement de la sagesse. »

C'est également ma propre conviction, et c'est mon devoir de la proclamer tout haut dans mon caractère de Représentant de la Société des Amis, qui ne tient compte ni de nationalité, ni de politique. ni de religion, dans ses efforts pour écarter les malheurs qui affligent l'humanité, *que sans le retour des captifs nous n'aurons jamais la paix en Europe*, et que le vainqueur gagnerait une place plus noble qu'aucun roi n'en tint dans les pages de l'histoire, si, pour la cause de l'humanité, pour qu'il n'y ait plus de mères qui deviennent veuves ou d'enfants innocents orphelins, pour que les demeures heureuses ne soient plus pillées, désolées, ruinées, il veuille devenir le Cyrus moderne.

Il se préparera ainsi, pour le jour de sa mort, des réflexions plus agréables que le souvenir des applaudissements des Rois, des Nobles et des Guerriers qui l'ont proclamé Empereur.

Du reste, Messieurs, il offre lui-même dans son dernier discours au Reichstag, de s'entendre avec les Puissances pour établir les bases sérieuses d'une paix durable. Ou ces paroles ont trait à l'Alsace et à la Lorraine ou elles n'ont pas de sens ; et c'est ainsi qu'elles ont été appréciées partout. Oui ! Messieurs, croyez bien qu'il y a un titre plus noble que celui de Roi ou Kaiser — c'est celui de Pacifique. « Bénis soient ceux qui procurent la paix, car ils seront appelés les enfants de Dieu ! »

Ainsi s'est terminée une vraie fête d'Amis, et on s'est séparé enfin avec cette bonne pensée que le peuple Anglais, riches comme pauvres comprenant ainsi la fraternité, devait se composer aujourd'hui comme à l'avenir, d'amis bien sincères et dévoués — amis bien rares assurément, car ils ont paru en une heure de détresse, donnant par là un démenti solennel au distique du vieux poète :

Donec faustus eris, multos numerabis amicos
Tempora si fuerint nubila, solus eris :

(*Dans le temps calme, tu compteras beaucoup d'amis ; vienne l'orage, te voilà seul !*)

La ville de Belfort, pour témoigner encore mieux sa reconnaissance à la la Société des Amis, lui a décerné une médaille frappée en son honneur, en même temps qu'elle remettait à son Représentant le Diplôme de Citoyen de la ville.

Paris. — Imp. Schiller, faub. Montmartre, 10.

RÉPARTITION DES SECOURS

FAITE PAR LA

SOCIÉTÉ ANGLAISE DES AMIS

(QUAKERS)

AUX VICTIMES INNOCENTES DE LA GUERRE EN FRANCE

(1870-1873)

Appréciation de l'Œuvre par la Presse et le Peuple français.

La France.

Nous avons déjà parlé à plusieurs reprises de l'Œuvre des Amis. Depuis, nous avons reçu de M. Long, le représentant de la Société des Amis en France, des renseignements plus complets relatifs à l'étendue et aux heureux résultats de leurs efforts. On nous saura gré de donner un résumé de son remarquable rapport sur cette œuvre immense et compliquée, convaincus comme nous le sommes, que nos lecteurs se trouveront vivement intéressés par l'histoire d'une entreprise qui a accompli tant de bien pour nos malheureux frères, et qui a tout accompli sans publicité et sans ostentation, hors de tout parallèle dans les annales de la bienfaisance internationale.

La Société des Amis commença son œuvre de bienfaisance immédiatement après la capitulation de Metz, au milieu de la famine et de la peste, de la désolation et de la mort qui régnaient dedans et au loin en dehors de cette ville infortunée; ainsi, dans toutes les contrées qui s'étendent entre la frontière luxembourgeoise et la frontière suisse, Longwy, Thionville, Briey, Belfort, Montbéliard et leurs environs, avec tous les endroits intermédiai-res qui avaient souffert, devinrent en même temps l'objet de leurs efforts. Sur toute cette grande étendue de pays, les délégués de cette Société déployèrent leur zèle et se dévouèrent aux privations, et aux dangers et même à la mort. Plusieurs parmi eux y ont souffert des maladies qui, autant que la guerre, ravageaient ces pays et une dame, membre de la Société, reste maintenant enterré là, victime de son dévouement, loin de ses parents et de sa patrie. C'est aux efforts des délégués de la Société des Amis, que M. Drouyn de Lhuys, président de la Société des agriculteurs de France, faisait allusion dans son admirable discours prononcé à la réunion annuelle de cette Société quand il disait :

« Des délégués s'offrirent pour se rendre au milieu des ruines de nos villes et villages, pour distribuer des secours à nos cultivateurs dans la détresse. Courageux comme des soldats, ardents comme des missionnaires, réguliers comme d'excellents comptables, ils ont dressé avec une merveilleuse exactitude le bilan de ces opérations commerciales d'un nouveau genre, qui consistent à toujours donner et à ne rien recevoir. »

La Société des Amis a bientôt aperçu que le secours le plus urgent, le plus important, était d'ensemencer le sol, mais qu'à cause de la destruction des instru-

5

ments aratoires et de la perte des chevaux, les cultivateurs n'avaient pas le moyen de labourer leurs terres, et qu'il serait dans ces circonstances bien inutile de distribuer des semences.

En conséquence, ils ont fait des achats considérables de charrues (Howard) et même d'un outillage à vapeur (Fowler), qu'ils ont amenés d'Angleterre malgré les difficultés énormes du transport a cette époque.

Par ces moyens et par un système de travail manuel qu'ils organisèrent afin de donner de l'emploi et un gagne-pain aux pauvres, sans les encourager dans leur désœuvrement, ils ont réussi à ensemencer en très peu de temps toutes ces contrées.

Ainsi, ce qui paraissait à beaucoup de monde un obstacle insurmontable fut écarté par l'entreprise et l'énergie de la Société, un grand bien accompli au moment de besoin, et un progrès pour l'avenir garanti au pays; car l'outillage à vapeur cédé à cet endroit est activement employé en ce moment, inaugurant ainsi une notable amélioration dans le système d'agriculture.

Les secours divers ainsi accordés par la Société des Amis pour la ville de Metz seule et ses environs montent à la somme d'un demi-million de francs.

Aussitôt que l'armistice fut conclu, d'autres délégués de la Société se dirigèrent sur Paris et commencèrent leur œuvre parmi les bourgs et les villages ruinés autour de la capitale; et là, ils avaient déjà réparti beaucoup de secours quand le commencement du second siége les arrêta temporairement dans leurs efforts. La Société s'est dévouée alors spécialement au secours de divers départements dévastés par la guerre, notamment à ceux de l'Est, où l'œuvre avait été déjà depuis plusieurs mois en pleine opération, et au centre de la France, particulièrement aux départements du Loiret, de Loir-et-Cher, d'Eure-et-Loir et de la Sarthe. comprenant cette grande plaine de la Beauce, quadrilatère de quelque trente lieues carrées, autrefois le grenier de la France; mais, au moment où les délégués commencèrent leur travail, à peu près un désert.

Là, d'autres volontaires allèrent, préparés et impatients à commencer le grand œuvre de réparation qui les réclamait, voyant que l'époque des semailles était déjà très avancée, avant que le départ de l'ennemi leur laissât le champ libre. Mais heureusement il y avait des auxiliaires locaux bien disposés à prêter leur aide, et dans un espace de temps incroyablement bref, le grand œuvre fut commencé et le courage inspiré de nouveau au peuple ruiné et désespéré.

Les fatigues et l'inquiétude qui s'atta-

chèrent à cette partie des efforts des délégués furent énormes, à cause de la désorganisation complète de l'administration civile, et de l'interruption de toutes communications ; mais le gouvernement et les administrations des chemins de fer ont répondu avec empressement aux intentions et aux demandes du représentant de la Société, et firent tout ce qui dépendait d'eux en accordant non-seulement l'exemption de droits, transport gratuit, et toute facilité de faire arriver les divers secours à l'intérieur, mais de plus, en payant les frais de transport de semences et des troupeaux de bétail sur plus de deux cents lieues de chemins de fer espagnols, avant d'arriver aux Pyrénées.

La paix une fois rétablie, le gouvernement chercha à manifester sa reconnaissance et son estime pour les efforts de la Société des Amis, en conférant aux trois membres des comités auxiliaires français, signalés par le représentant de la Société, pour leur dévouement patriotique, cette distinction si convoitée, la décoration de la Légion d'honneur, distinction qu'il ne rechercha pas lui-même par respect pour les principes de la Société. Et de plusieurs manières et en plusieurs occasions depuis, le ministère a témoigné sa haute appréciation, non-seulement des secours matériels donnés par la Société des Amis, mais de la sagesse et du soin avec lesquels ces secours ont été administrés, et des efforts dévoués et désintéressés des membres de cette Société qui, et en Angleterre et en France, se sont consacrés avec tant d'assiduité à cette tâche philanthropique,

Le 16 novembre, les remercîments de la France furent transmis officiellement au président de la Société par M. le ministre de l'agriculture et du commerce dans les termes qui suivent :

« Monsieur le président,

» Je suis autorisé par M. le président de la République et par le conseil des ministres à transmettre à la Société des Amis l'expression des sentiments du peuple et du gouvernement français, Puisse le souvenir de notre profonde reconnaissance vivre chez vous aussi longtemps que vivra chez nous le souvenir de vos généreux efforts.

» Signé au nom du peuple et du gouvernement français,

» *Le ministre de l'agriculture et du commerce,*

» VICTOR LEFRANC. »

Les remercîments de M. le président de la République avaient été déjà transmis par son secrétaire, M. Barthélemy Saint-Hilaire, au représentant de la Société en ces termes :

« Versailles, 13 juillet 1871.

» Monsieur,

» J'ai mis sous les yeux de M. le président du conseil votre lettre du 9 de ce mois, dans la quelle vous le remerciez des trois décorations qui ont été accordées *sur votre demande*. Les trois personnes que vous avez désignées avaient concouru activement aux efforts généreux de la Société des Amis pour secourir nos malheureux paysans, et elles doivent continuer l'œuvre si utile que vous avez commencée.

» M. le président du conseil a été heureux de récompenser tant de dévouement, et il me charge de vous exprimer sa gratitude sincère pour toutes les peines que vous avez bien voulu prendre au nom de la Société que vous représentez si dignement.

» Au milieu de tous les désastres qui accompagnent la guerre, il est bon qu'il se rencontre des hommes sages et désintéressés qui ne songent qu'à en atténuer les maux.

» Dans les tristes circonstances où la France s'est trouvée, votre Société, fidèle à ses principes, aura fait du bien : c'est là le seul prix qu'elle ambitionne. Je l'en félicite pour ma part car pour les âmes un peu hautes, c'est la plus belle récompense qu'elles puissent recevoir de la bonté de Dieu.

» Agréez, monsieur, mes félicitations cordiales.

» Votre dévoué,

» BARTHÉLEMY SAINT-HILAIRE. »

M. Long, représentant de la Société des Amis.

Il est digne de remarque que ce ne fut pas avant l'automne que la Société des agriculteurs et leur aimable et excellent président, M. Drouyn de Lhuys, eurent connaissance de l'aide efficace donnée par la Société des amis de la population agricole de la France; par suite de la discrétion modeste avec laquelle cette Société avait conduit toutes ses opérations : mais il faut ajouter que la Société des agriculteurs a essayé depuis de témoigner en toute manière sa reconnaissance des efforts généreux de la Société des Amis. Non-seulement, dans le *Bulletin mensuel* de la Société des agriculteurs de France, ont paru articles sur articles en louanges de la bienfaisance de la Société des Amis, mais aussi, dans le *Journal officiel de la République française*, M. Drouyn de Lhuys a écrit :

» Le relevé des secours distribués par la Société anglaise des Amis (quakers) dans différentes parties de la France vient d'être arrêté définitivement.

» Cette Société a donné à la France, en moins d'un an, une valeur dépassant 4 millions de francs.

» Ces chiffres sont établis d'après des écritures régulières et une comptabilité aussi rigoureusement tenue que celle d'une maison de commerce de la Cité de Londres.

» Aucun éloge n'atteindrait à l'éloquence d'un pareil chiffre.

» La reconnaissance publique est acquise aux hommes généreux qui ont tant fait pour la France.

» DROUYN DE LHUYS,

» Président de la Société des agriculteurs de France.

» 31 octobre 1871. »

Ci-après est un aperçu des secours divers accordés à la France par la Société des Amis

jusqu'à la fin d'octobre 1871, relevé rédigé par leur représentant, à la gracieuse invitation de M. le président de la Société des agriculteurs, afin de le soumettre à leur appréciation.

Nombre des départements secourus, sans tenir compte des villes et localités isolées,   14
Nombre d'hectares de terrain ensemencé,   63.962
Nombre d'individus secourus,   162.379

SECOURS AUX AGRICULTEURS

En semences diverses,	2.611.630 fr.
En instruments aratoires,	82.947
En bestiaux,	102.000

SECOURS AUX PAUVRES

Abri et ameublement,	13.750
Vivres, médicaments et chauffage,	257.250
Organisation d'emplois pour les gens sans travail, gages, etc.,	50.525
Vêtements et literie,	232.969

DONS EN ARGENT

A différents endroits,	242.625
A soixante-neuf communes autour de Paris,	536.375

Ces secours, évalués d'après les cours de l'époque, en France, forment en total   4.130.071 fr.

(Évaluation des secours distribués jusqu'au mois de novembre 1871.)

Encore, sur sa nomination, la Société des Agriculteurs a conféré unanimement au président de la Société des Amis le titre de membre honoraire, et à deux membres du comité exécutif et au représentant de la Société des médailles d'honneur.

Nous venons finalement parler de la reconnaissance des efforts de la Société des Amis par le peuple entier dont la gratitude s'est exprimée dans une foule d'adresses émanant des conseils municipaux, des comices agricoles, des comités auxiliaires locaux, des préfets des départements, des maires des communes, d'ailleurs dans des lettres innombrables des notables et d'individus de tout rang; pendant que la presse a été prodigue de ses félicitations et de ses remerciements dans le même but; et ces expressions d'admiration et de reconnaissance ne se bornèrent pas aux simples paroles; elles ont pris des formes tangibles en médailles nombreuses et en or et en argent, conférées à la Société des Amis, en commémoration de cette grande et bonne œuvre dont le fruit ne peut pas être calculé par le secours matériel accordé, ni par ses effets immédiats; car c'est une œuvre qui vivra des générations dans la mémoire reconnaissante du peuple français.

Les sentiments des individus contribuent beaucoup à diriger la conduite d'une nation, et il y a des milliers de demeures en France où les hommes se rappelleront toute leur vie et raconteront à leurs enfants comment à cette heure terrible, quand tout était ou semblait perdu, quand la ruine se répandait tout autour, quand la famine les regardait en face, quand les champs restaient incultes, quand il n'y avait d'ailleurs ni semence, ni argent, ni marché, quand les enfants criaient pour avoir à manger et qu'on n'avait rien à leur donner, quand les gens âgés et les enfants innocents, les malades et même les forts, victimes également de la disette, grelottaient de froid et n'avaient ni vêtements convenables pour se couvrir contre les rigueurs de l'hiver, ni lits où se reposer, et trop souvent pas même un toit pour s'abriter des intempéries, — ils raconteront comment les délégués de la Société anglaise des Amis ont quitté leur pays, ont quitté leurs affaires, et sont venus employer toutes les combinaisons des secours dont les circonstances actuelles du moment ou de l'endroit ont développé le besoin : ici des médicaments, du chauffage et de l'abri, là des vêtements, des vivres et de la literie ; et partout de l'argent, ou en dons gratuits ou pour procurer de l'emploi aux gens sans travail ; car c'est un principe de la Société de n'encourager jamais la dispensation des aumônes sans discernement, ni le désœuvrement de ceux qui peuvent gagner leur vie. Ils diront comment ils ont été sauvés du désespoir et encouragés à envisager l'avenir. Nous sommes ainsi assurés que les semences distribuées par les Quakers ne sont pas tombées dans un terrain stérile, mais qu'elles ont déposé dans tous les cœurs français un germe qui ne saurait mourir, — celui de la reconnaissance et d'une sympathie inaltérable.

. . . .

Le Bulletin mensuel de la Société des agriculteurs de France :

La Société des Amis a fait ainsi beaucoup pour renouveler les sentiments d'amitié et de fraternité entre les deux peuples — sentiments qui furent temporairement obscurcis, la France ayant pensé, à tort ou à raison, que l'Angleterre l'avait abandonnée dans son jour d'affliction amère.

Les départements secourus ont tous envoyé à la Société des quakers des adresses où se trouve exprimée, en termes chaleureux, la gratitude des populations rurales. Le nom de M. James Long est prononcé à chaque ligne, et c'est justice, car pendant tout le temps qu'a duré la répartition, M. James Long, dont la santé est si altérée et nécessite tant de soins, n'a pas cessé d'être en relation journalière avec les comités départementaux pour se tenir au courant de leurs besoins; et, malgré des souffrances presque incessantes, il s'est rendu de l'est à l'ouest continuellement, pour surveiller l'administration et pour procurer des semences, — en Espagne, dans les Pyrénées et dans l'Aveyron pour en ramener des vaches laitières pour les pauvres. Il ne dépendra pas de nous que notre reconnaissance égale son dévouement, trop désintéressé et trop grand pour pouvoir être récompensé sur cette terre.

. . . .

Extrait du livre de MM. Paul et Henry de Trailles, Paul Mahalin et Henri Morel : Sur les Femmes pendant la guerre :

A la vue des misères si nombreuses et si profondes des paysans de France, les étrangers qui nous avaient donné déjà tant de preuves de sympathie vinrent à nous chargés de grains, de bestiaux et d'outils pour le labourage.

Avec les chaumières, les flammes avaient dévoré le grain qui devait enfanter les récoltes de la saison prochaine — après les privations des siéges de Paris, de Strasbourg, de Metz, nous allions avoir la famine.

La Société des Amis commença son œuvre dès la capitulation de cette dernière ville, toutes les contrées qui s'étendent entre la frontière luxembourgeoise et la frontière suisse devinrent l'objet de leurs efforts.

Dans un recueil de divers articles, publiés par les journaux des départements, au sujet de l'*OEuvre des Amis*, nous trouvons une lettre d'un habitant de Loir-et-Cher au rédacteur du *Journal de l'Agriculture*.

C'est un passage, plein de couleur et de vérité — on croirait en lisant ces pages que nous n'hésitons pas à reproduire avoir sous les yeux une toile de Rosa Bonheur :

Monsieur le rédacteur,

Ayant affaire à Blois hier et voulant profiter de la fraîcheur du matin pendant cette chaleur tropicale dont nous sommes accablés, je me mettais en route de très bonne heure. J'engage celui qui a le même chemin à faire à suivre mon exemple et à se diriger vers la forêt. Les longues allées, toujours délicieuses à traverser pendant l'été, ont un charme tout particulier au lever du soleil, quand toute la nature, rafraîchie par le repos de la nuit, se réveille et ne laisse pas le voyageur solitaire ressentir ce silence oppressif qui règne dans le courant de la journée.

Tout en cheminant, nous atteignons les limites de la forêt et arrivons à la route ouverte qui conduit directement à la ville, par la gare de Blois; mais, arrivés là, nous sommes arrêtés par un convoi interminable de wagons, au milieu desquels une voiture unique de 1re classe attirait mon attention, car de là sortaient de temps en temps des cris plaintifs, comme ceux d'un bébé en détresse.

Un peu contrarié d'être si brusquement arrêté et cela évidemment pour quelque temps, je suis descendu de mon cabriolet afin de faire mes réclamations à M. le chef de gare, pour avoir laissé embarrasser ainsi une des principales artères de la ville; mais arrivé plus près de ce convoi, j'observe que chaque wagon porte une affiche ainsi conçue :

CONVOI SPÉCIAL

(vitesse 40 kilomètres à l'heure)

PAR ORDRE DU MINISTRE DE L'AGRICULTURE

VACHES LAITIÈRES

Destinées au secours des pauvres cultivateurs éprouvés par la guerre et données

PAR LA SOCIÉTÉ ANGLAISE DES AMIS

Immédiatement ma colère s'apaisait et je m'inclinai devant ce monument de bienfaisance de cette Société étrangère, qui a déjà fait des merveilles pour secourir notre malheureux pays.

Faisant le tour de la gare, je suis bientôt arrivé au côté du train où les animaux relâchés des wagons, où ils avaient été emprisonnés depuis quelques jours, faisaient un vacarme effroyable. — Des mères couraient à la recherche de leurs enfants et des enfants cherchaient leurs mères, mais tout cela dans un espace interdit à l'intrusion des curieux et gardé par un cordon d'hommes à l'aspect sévère, étrangers évidemment à notre pays, autant par leur costume que par leur langage. Pendant quelque temps je restais muet spectateur de cette scène extraordinaire; mais m'impatientant un peu d'être tant retardé sur ma route, je hasardais cette question, m'adressant au chef de la gare qui par hasard se trouvait près de moi : Faut-il attendre longtemps, monsieur, avant que la route publique soit ouverte? Patientez encore un peu, mon ami, le débarquement touche à sa fin, et je ne veux pas pour tout au monde déranger ce monsieur là-bas. Quel monsieur, demandais-je?—M. le représentant de la Société, répliquait le chef en m'indiquant un homme que depuis quelques temps j'avais remarqué çà et là et partout donnant ses ordres d'une manière qui n'admettait nulle désobéissance; — un moment soutenant les pas timides d'un pauvre petit veau qui allait se confier pour la première fois à *terra firma*, voyant qu'il était né, pauvre innocent, volant à la vitesse de 40 kilomètres par heure; — alors encourageant ses animaux farouches des montagnes qui se méfiaient des hommes qui leur parlaient une langue étrangère, et dans ce cas avec raison, car ces hommes qui s'occupent à nos gares du débarquement des animaux se sont brutalisés, ayant eu affaire généralement avec des animaux destinés à la boucherie, pendant la guerre. Il fallait leur montrer alors que les vaches et des veaux qu'on voulait garder en vie avaient besoin d'un traitement plus humain,—ce que M. le représentant leur a facilement fait comprendre en s'emparant de tous leurs aiguillons et les rejetant de l'autre côté du chemin de fer. Mais bientôt un incident menait près de moi cet homme que je voulais tant étudier.

En face d'un wagon voisin, six hommes tiraient, au moyen d'un câble, quelque chose que eurs efforts réunis ne pouvaient faire sortir. Immédiatement on entend l'ordre : « Hé là-bas! relâchez de suite et attendez-moi! » Aus-

sitôt arrivé, il entre seul dans le wagon, ou il prononce des paroles pour nous inintelligibles mais qui produisent l'effet voulu, car il en sort quelques instants après, accompagné d'un magnifique taureau espagnol — un Andaluz *de la plaza de toros* — avec lui docile comme un chien d'arrêt. Maintenant, profitant de l'occasion pour regarder de près cet homme qui a fait tant pour notre contrée, j'étais étonné de le voir — un homme couvert de poussière et noirci de charbon (1) — un homme dont le physique ne paraissait pas capable d'un semblable travail — un homme maigre, de taille moyenne, voûté, barbe grisâtre, figure jaune et pincée comme par des souffrances — mais avec une forte *expression d'intelligence* et avec une activité d'esprit qui épuise le corps — un de ces hommes dont on dit quand ils ne sont plus : « La lame a coupé le fourreau. »

Mais la fin du travail approche : les derniers wagons sont traînés près du débarcadère, et parmi eux, cette voiture d'où sortaient ces cris plaintifs qui, tout père que je suis, m'avaient tant intéressé. Je suis bientôt désillusionné, car au lieu de bébés je vois descendre un chevrier montagnard portant sur son sein deux p-tits chevreaux nouveau-nés et encore trop tendres pour soutenir les brusques secousses d'un wagon ordinaire. En même temps sortaient des wagons voisins un joli troupeau de chèvres à lait, avec deux magnifiques boucs à leur tête.

Enfin le débarquement s'acheva.—M. le représentant convoquait les gardiens, ses hommes de confiance, leur adressait ses instructions dans leurs différents langages, et la grande procession se dirigeait de suite vers l'autre côté de l'eau, pour se joindre à un autre convoi et y attendre une Exposition qui aura lieu à Blois, le 17 courant.

Je monte dans mon cabriolet, et, entouré de chariots remplis de veaux trop jeunes pour faire la route à pied, je reste à l'arrière-garde jusqu'à la ville, où je suis arrivé bien en retard, mais de nulle manière mécontent de ce contre-temps.

Agréez, monsieur le rédacteur, l'expression de mes sentiments distingués.

13 juillet 1871.　　　　　　　　　C. B. G.

(1) Vous voyez cet homme qui, malgré ses antécédents, ses habitudes littéraires peu conformes à la tâche qu'il remplit aujourd'hui, malgré sa faible santé, malgré ses souffrances et malgré les découragements qu'il rencontre parfois, ne se relâche pas, mais jour et nuit travaille pour la France; — il entreprend de longs et durs voyages : aujourd'hui il supporte une chaleur tropicale, le lendemain il est dans la neige des montagnes, content de se reposer dans la hutte d'un berger et de s'emparer d'une peau de mouton pour se garantir du froid; — il se transforme en marchand de bestiaux, même en mécanicien de chemin de fer, car on m'a raconté aujourd'hui que dans son inquiétude d'arriver à Blois assez tôt le matin pour faire traverser la ville à cet immense troupeau avant que les rues soient encombrées de monde, il était monté sur la machine entre Tours et Blois et se présentait à notre gare noir comme un vrai chauffeur.

Discours de M. le préfet de Loir-et-Cher, au banquet donné à cette époque en l'honneur de la Société des Amis et de son représentant.

Le représentant, dont parle l'auteur de cette épître, était M. James Long, dont le nom est à jamais gravé dans le cœur des populations des provinces malheureuses de notre chère France.

Car, ce n'est pas seulement dans le département de Loir-et-Cher que M. James Long, — au lendemain d'une maladie qui avait mis ses jours en danger, — acceptant la tâche difficile de représenter la Société des Amis — vint lui-même apporter aux familles désolées par le passage des armées prussiennes, les secours matériels qui réparent le mal et les douces paroles de paix et de fraternité qui consolent l'âme.

Sans tenir compte des villes et localités isolées, — il parcourut quatorze départements et le total des sommes distribuées au nom de la Société des Amis, tant en argent qu'en bestiaux, abris, instruments aratoires, vêtements, literies, vivres, médicaments, etc., etc., ne s'élève pas à moins de 4 millions 130,071 francs !...

L'Hospitalier.

Nous venons de recevoir le rapport sur la répartition des secours distribués par la *Société anglaise des Amis (Quakers)* aux victimes de la guerre en France pendant la campagne de 1870-71.

Le Gouvernement, les associations nationales, nos confrères de la Presse, les populations obligées, tous ont déjà rendu un juste et éclatant hommage à cette œuvre de l'assistance accomplie sans bruit, sans ambition, sans espoir de distinctions et sans désir de récompenses.

Nous n'en croyons pas moins devoir rappeler aux souvenirs de nos lecteurs les résultats généraux de cette campagne de la charité si généreusement entreprise par nos voisins d'au delà de la Manche.

Et, d'abord, un mot d'histoire à propos de cette corporation étrange, trop peu connue, souvent raillée, et dans laquelle le troupeau ignare de nos loustics s'obstinait à ne voir qu'un groupe d'originaux muets et austères, gardant obstinément leur chapeau sur la tête, sans autre souci des lois méconnues de notre civilité puérile et honnête.

La *Société des Amis* fut fondée en 1624, par Georges Fox, du comté de Leicester.

Persécuté bientôt en raisons de ses doctrines, Fox eut la hardiesse d'engager, en plein tribunal, un de ses juges à *trembler* à la parole de l'Eternel.

Le mot resta et les beaux-esprits de Leicester l'ajoutèrent dérisoirement au titre de l'association. La *Société des Amis* était devenues celle des *quakers* (trembleurs).

Basée exclusivement sur la doctrine évangélique, cette Société la professe et la pratique avec le saint entêtement des apôtres et la résignation sublime des martyrs.

L'amour du prochain est le premier article du code.

L'oubli et le pardon des injures en est le second.

Ennemis de la guerre, toujours criminelle à leurs yeux, ils ont pour devise : « souffrir et ne point combattre ».

C'est là un des principes particuliers à la *Société des Amis*.

C'est au nom de ce principe que les *quakers* ont constamment refusé de prendre les armes et de répandre le sang de leurs frères.

Ils n'ont jamais pu se résoudre à servir dans l'armée, à fournir des remplaçants, à contribuer en quoi que ce soit à ce qui doit être approprié exclusivement à l'administration militaire.

Ils ont pour complices de cette résistance au massacre, l'Evangile lui-même, qu'ils proclament « un message universel de paix et d'amour » et avec lequel ils assurent que « la guerre, quel qu'en soit le motif, est un crime ».

Une des particularités de leur foi est le refus du serment en garantie de leurs déclarations. L'Evangile, assurent-ils, le défend expressément, et ce refus constant de prouver par le serment la vérité de leur témoignage, leur attira pendant de longues années toutes sortes de persécutions.

La torture, la ruine, la prison, l'exil ne les décourragèrent pas. Cette fermeté, disons-mieux, cet héroïsme eut sa récompense publique, haute, solennelle, éclatante, et des actes officiels consacrèrent en 1696 « que leur simple affirmation devrait « être reçue et regardée comme suffisante « et devant tout tribunal et dans tous les « cas où le serment devrait être exigé des autres ».

Au nom de ces maximes générales qui constituent l'esprit religieux de la Société, les *quakers* ont pris l'initiative et parfois assuré le succès de bon nombre de grandes réformes politiques et morales en Angleterre :

L'amélioration et la discipline dans les prisons ;

L'adoucissement des peines appliquées aux crimes et délits ;

La liberté des cultes ;

L'abolition de l'esclavage ;

La promotion de l'éducation pratique du peuple ;

La réforme parlementaire ;

L'abolition du serment ;

La substitution de l'arbitrage aux procédés judiciaires ;

La suppression de la guerre par l'arbitrage international.

Il y a, pensent-ils, un titre plus noble que

celui de roi ou de Kaiser : c'est celui de « Pacifique ».

Et ici encore, ils disent avoir avec eux la voix surhumaine de Gethsémani, criant à travers la Judée : « Bénis soient ceux qui » procurent la paix, car ils seront appelés » enfants de Dieu ».

Quels séditieux que ces apôtres ! quels perturbateurs que ces quakers !

Ce n'est pas eux qui auraient donné la croix à M. Chassepot, le panthéon à M. Dreyse et cinq ou six commandorats à l'inventeur des mitrailleuses.

Prospère et puissante aujourd'hui, grâce à la transformation des mœurs, à la marche incessante du progrès, à une intelligence plus haute aussi de l'idée religieuse elle-même, la *Société des Amis*, honnie, persécutée, proscrite, dut aller chercher refuge au nouveau monde.

En 1681, Guillaume Penn, l'un de ses » membres les plus dévoués et les plus » célèbres qui avait, disent ses biographes, » consacré tous ses talents à défendre la » liberté civile et religieuse, employa sa » fortune à fonder en Amérique une colo- » nie où les *quakers* pourraient jouir sans » plus d'entraves de cette liberté pour la- » quelle ils avaient si longtemps lutté » dans leur patrie ».

Cette colonie s'appelle « la Pensylvanie ». Elle a Philadelphie pour capitale et elle est devenue l'un des Etats les plus prospères de l'Union.

Et maintenant, plaisantins gouailleurs, inclinez-vous et saluez, voilà les *Trembleurs* qui passent.

Telle fut l'origine, tels sont les principes distinctifs de la *Société des Amis*.

Nous n'avons pas à les juger ici au point de vue de l'orthodoxie religieuse.

Ce sont là, d'ailleurs, querelles d'adeptes, et nous nous déclarons absolument étranger à toutes ces subtilités de la casuistique qui jettent le trouble dans nos pauvres consciences humaines, et laissent nos humbles esprits plus inquiets et plus embarrassés que jamais.

Nous ne sommes pas, du reste, ici, juge en théologie, expert en dogme, préposé à la torture des textes, mais l'historien indigne de grandes choses simplement accomplies par des hommes de bien.

Et nous les admirons sincèrement dans leurs œuvres, parce qu'ils enseignent et pratiquent surtout, ici-bas, cet idéal rafraîchissant des vertus et des séductions humaines qui s'appellent la Bonté.

Donc, voilà leur doctrine, leur foi, leur symbole.

Et ce ne sont pas là maximes stériles, sentences trompeuses et vaines. Ces hommes qui vont répandant partout cette haute et sereine morale, ce courageux et loyal Crédo, se hâtent de les mettre en pratique partout où quelque fléau s'abat, partout où quelque sinistre s'arrête.

Aussi, dès que l'invasion hideuse vint souiller et dévaster notre pauvre France abattue, leurs regards se tournèrent-ils vers cette mutilée glorieuse que la conquête brutale laissait derrière elle décimée, minée, pillée, incendiée, inculte, affolée.

En présence de cet épouvantable désastre, la *Société des Amis*, apportant, même dans ces œuvres elevées de la solidarité humaine, l'esprit fécond d'organisation et de méthode particulier au pays qui l'a vue se former et grandir, constitua bien vite un Comité de secours.

Préoccupés surtout du sort de ceux qu'ils appellent si justement les victimes « innocentes » de la guerre, les non-combattants, comme ils disent, c'est à l'agriculture qu'ils songèrent d'abord — *mater alma*.

S'excusant de n'avoir pu, en raison de leurs « vues bien connues sur toutes les questions se rapportant à la guerre », coopérer d'une manière parfaitement satisfaisante au soulagement des blessés et malades, les membres du Comité considérant que « les ravages effroyables, inséparables de la présence des grandes armées en campagne, doivent avoir ramassé sur les faibles une accumulation de souffrances effrayantes à contempler »,

Résolurent séance tenante :

« Que la *Société des Amis*, après mûre délibération sur les meilleurs moyens à employer, enverrait dans les pays dévastés quelques-uns de ses membres les plus capables d'apprécier la détresse pour organiser et porter des secours prompts et efficaces. »

En conséquence de cette décision si brièvement et si éloquemment formulée,

Le Comité général de secours dépêcha en France des délégués, parmi lesquels figurent des dames quakeresses, jalouses de partager les fatigues de cette mission nouvelle.

Comme les vainqueurs repus et sanglants se partageaient le butin et la dépouille, eux, les doux apôtres de la rédemption, se partagèrent les travaux consolateurs de la réparation et de l'assistance.

On prit une carte, et le doigt étendu sur ces plaies saignantes de la France, on se distribua qui l'Alsace, qui la Lorraine, qui la Bourgogne, Paris, Metz, Thionville, Belfort, Caen, Amiens, Calais, Nantes, Orléans, Blois, Vendôme, Châteaudun, Le Mans; nulle ne fut oubliée, et c'est merveille de voir avec quel sage esprit de prévoyance tout cela avait été conçu, réglé, organisé.

La Société des Amis, dit le rapport si judicieux auquel nous empruntons ces détails, commença son œuvre de bienfaisance dès la capitulation de Metz.

Elle s'étendit rapidement à tous les centres compris entre la frontière Luxembourgeoise à la frontière Suisse, Longæy, Thionville, Metz, Briey, Belfort, Montbéliard, Pontarlier et leurs environs, devenaient en même temps l'objet de leurs efforts.

On assista ainsi, outre ces points principaux : Niederbronn, Phalsbourg, Bitche, Sarrelouis, Lambach, Toul, Fontenoy, Mars-la-Tour, Gorze, Ars-sur-Moselle, Bezonville, Saint-Privat, Pont-à-Mousson, Héricourt, Villersexel, etc,

Missions, voyages, transports, approvisionnements, distributions, secours, enquêtes, relations, dépôts, soins aux malades, toutes les fonctions sont nettes, précises, déterminées.

Chacun a son rôle spécial, obligatoire, défini, et tout cela se meut, agit, travaille, et produit sans confusion, sans désordre, sans aveuglement surtout.

C'est la charité large, sereine, consolante, mais intelligente, économe, pratique, savante même.

On sent que ces hommes-ci font œuvre de conscience et de devoir et n'ont pas d'ostentation vaine ou de recherche ambitieuse et intéressée.

Ils s'inquiètent des moindres détails, et comme les fonctions sont en raison des compétences et des forces de chacun, le résultat est immédiat, facile, efficace, assuré.

La grange est vide, le cheptel détruit, le bétail mort ou disparu, le linge et le mobilier aux mains des Juifs. Il n'y a plus dans tous ces pays saccagés et mornes, ni grains, ni outils, ni fourrages.

M. Drouyn-de-Lhuys, président de la Société des Agriculteurs de France, a hautement rendu justice à tous les services rendus par la *Société des Amis*, dans son remarquable discours du 12 janvier 1872.

« Ses délégués s'offrirent, dit M. Drouyn » de Lhuys, pour se rendre au milieu de » nos villes et de nos villages et distribuer » des secours à nos cultivateurs dans la » détresse.

» Courageux comme des soldats, ardents » comme des missionnaires, réguliers » comme d'excellents comptables, ils ont » dressé avec une merveilleuse exactitude » le bilan de ces opérations commerciales » d'un nouveau genre, qui consistent à » toujours donner et à ne rien rece- » voir. »

On ne pouvait traduire en un langage plus élevé les sentiments de gratitude et d'admiration de notre pays pour ces vaillants de la charité.

L'investissement de Paris et l'occupation de son périmètre suburbain par les troupes allemandes n'avaient pas permis aux délé-

gués quâkers d'étendre leurs bienfaits jusqu'aux départements limitrophes de la Seine.

Mais dès que l'armistice fut conclu, « d'autres délégués se dirigèrent sur Paris et commencèrent leur œuvre parmi les bourgs et villages ruinés autour de la capitale. »

Les tristes événements de Mars les empêchèrent de poursuivre leur mission.

L'œuvre rédemptrice interrompue fut plus tard reprise et laborieusement accomplie, ainsi que le constatent les évaluations chiffrées qui sont comme la conclusion éloquente de notre travail.

Les délégués s'éloignèrent donc de Paris pendant le second siége; on s'occupa alors des départements du centre de la France, et ceux du Loiret, de Loir-et-Cher, d'Eure-et-Loir et de la Sarthe, furent successivement visités.

La Beauce, ce grenier béni toujours comble, cette corne d'abondance toujours pleine, était alors un désert morne et vide, où l'ornière des canons et le pas des chevaux avaient laissé leurs traces lugubres.

La charrue manquait au champ devenu friche, et la semaille féconde au sillon devenu tranchée.

On le sait à Londres, car dès le mois de février 1872, déjà deux délégués de la *Société des Amis*, deux quakers, deux trembleurs, ne craignant pas d'affronter pendant cet hiver rigoureux les fatigues d'un voyage presque impossible au milieu des armées allemandes, parcururent à cheval tous ces pays pour recueillir à l'avance les renseignements nécessaires au succès de leur entreprise.

A cette époque déjà, les navires de la Société attendaient leur déchargement à Saint-Nazaire et à Nantes.

Tous les magasins disponibles étaient remplis, les quais encombrés. Des comités de répartition étaient organisés à Orléans, Blois, Vendôme, Châteaudun, Le Mans. Un bureau central était établi à Tours, et grâce, dit l'éloquent rapporteur de cette mission difficile, à l'appui officiel du Gouvernement, à la bonne volonté de la Compagnie du chemin de fer d'Orléans, on put enfin accomplir heureusement le grand œuvre des *transport à domicile*.

Grâce alors à la prodigieuse activité de ses délégués, à la force vivace d'une organisation sûre d'elle-même, au concours et à la bonne volonté de tous, outillage, grains et bestiaux affluèrent.

La tranchée se combla ; les épaulements meurtriers se nivelèrent et la Crau sinistre d'hier redevint bientôt la Chanaan prospère d'autrefois.

« Leurs semences, disent les rapports des Comités français auxiliaires, furent une véritable manne céleste pour nos pauvres cultivateurs ruinés par la guerre et par la médiocre récolte de l'année précédente.

« C'est, ajoutent-ils, grâce à la généreuse initiative de la *Société des Amis* que notre pays a pu éviter la famine. »

Et quel ordre dans les distributions! quelle sage prévoyance dans les détails! sollicitude jalouse partout!

Il fallait là non-seulement, en effet, la semence, le grain, le germe, mais encore les moyens de culture, c'est-à-dire, l'instrument aratoire sous toutes ses formes.

Et les charrues à attelages de Howard, et les machines à vapeur de Fowler arrivèrent, malgré les difficultés du transport et les embarras de la route.

Un appareil Fowler complet, du prix de 63,000 fr., fut mené à Metz et ne le laboura pas moins de cinq cents hectares en quelques semaines.

Il n'y avait pas là seulement un service accidentel, un bienfait local, mais encore le point de départ d'un mouvement d'émulation générale, dont les résultats devaient être et sont demeurés féconds.

Des sociétés de labourage et de battage à vapeur se constituèrent et des améliorations considérables ne tardèrent pas à se produire.

Les *rédempteurs* avaient été aussi des *initiateurs*.

En même temps qu'elle assurait ainsi ces ressources du matériel, la *Société des Amis* se préoccupait activement de repeupler l'étable et de rendre à la ferme cette meilleure part de sa richesse qui s'appelle « le *Bétail* ».

Des vaches laitières furent donc réquisitionnées, tant en France qu'à l'étranger et les départements les plus éprouvés de ce côté: le Haut-Rhin, le Loiret et le Loir-et-Cher furent à nouveau abondamment pourvus.

Dès le mois d'août 1871, déjà, une exposition publique fut organisée à Blois, et près de cinq cents des meilleurs produits de tout poil et de toute race y figurèrent comme un double témoignage du discernement éclairé des bienfaiteurs et de la gratitude des obligés.

Vaches normandes, espagnoles, parthenaises; taureaux andalous et cotentins; chèvres mignardes, chevreaux impudents, boucs râblés et cornus s'y mêlèrent fraternellement, et l'introduction dans leur pays de ces hôtes robustes et bien venus fait espérer aux agriculteurs qui en furent pourvus une véritable régénération des espèces locales.

Et ce résultat est d'autant plus certain qu'avec l'esprit de sagesse et de science économique qui distingue si éminemment ses délégués, la *Société des Amis* avait confié les animaux ainsi importés et préalablement assurés aux maires des communes et aux conseils municipaux.

Chaque famille pauvre ou gênée les prenait en location moyennant 25 fr. par année, et le montant de cette location faisait retour à ces pauvres entre les pauvres, qui n'ont, eux, ni champ ni toit et qu'on appelle « les indigents ».

En cas de vente ou de prime d'assurance par décès, les fonds devaient être exclusivement affectés à d'autres achats de même nature.

Tout virement (*sic*) était formellement interdit.

Il est, paraît-il encore, de fortunés pays où l'on ne professe pas en cette matière les théories faciles de certains administrateurs de Gérolstein, qu'on a vus, parmi nous, transformer allégrement des piles de pont en langoustes et des portes d'églises en sorbets au marasquin.

Heureux pays!

Les chèvres nombreuses et bien vite acclimatées, amenées un peu et partout, furent données aux familles pauvres « ayant des enfants en bas âge ».

On se sent vraiment ému par cette prévoyance touchante, généreuse avec tant de méthode et prodigue avec tant de discernement.

Aussi, M. le préfet de Loir-et-Cher a-t-il éloquemment exprimé le sentiment national à l'égard de ces secoureurs étranges, à la fois éducateurs et apôtres, qui allaient ainsi à travers nos ruines, laissant derrière eux comme une atmosphère fortifiante de vertu sereine et d'infatigable bonté.

L'Univers illustré.

— Qu'est-ce qu'un quaker?

A cette question, un de ces jolis messieurs qui tiennent boutique de paradoxes vous répondra:

« Un quaker, c'est un homme qui a son chapeau vissé sur la tête, qui ne porte pas de boutons à ses habits, qui tutoie son prochain, qui refuse de prêter serment en justice, qui, au lieu de payer ses contributions, les dépose sur une table pour que le receveur vienne les y prendre. »

— Et après?

— Après? Rien; c'est tout.

— Eh bien donc! c'est à moi de continuer et de vous exposer la doctrine des *quakers* ou des *amis*; car les deux mots sont synonymes. Oh! rassurez-vous, ce ne sera pas long. Cette doctrine se résume en quelques principes qui, pour être simples et en petit nombre, n'en sont pas moins féconds pour le bien de l'humanité.

Amour et charité entre les membres de la Société.

Sympathie pour les infortunes d'autrui, dévouement à secourir les malheureux sans distinction de nationalité, sans préoc-cupation de secte ni de parti.

Rendre à ses ennemis le bien pour le mal.

Souffrir et non point combattre.

Dire la vérité suivant la forme la plus simple, ainsi que Jésus-Christ le recommande, en n'affirmant rien que par oui ou par non.

Refus de payer une dîme ou des impôts pour les ecclésiastiques d'une religion de l'Etat.

N'estimer les richesses que dans la mesure des moyens qu'elles vous donnent d'être utiles à vos semblables.

En conséquence,

Mettre à part, pour le soulagement des infortunes, telle portion de votre gain que vous pouvez en distraire après vos dépenses modestes et indispensables.

Et pour terminer : *res non verba*

Non, ce ne sont pas là seulement des paroles. La France tout entière a vu les Amis à l'œuvre, mettant en pratique leurs doctrines, accourant à son secours, l'aidant à se relever de ses ruines, à réparer, dans ceux de nos départements qui avaient le plus souffert, les ravages de l'invasion. Savez-vous à quelle somme se sont élevés les subsides fournis par la Société ? A 4,130,071 fr. ! Et cette somme énorme, elle ne s'est pas bornée à la recueillir, elle a pris soin de la répartir de la façon la plus intelligente, faisant la part égale entre la population agricole et les familles malheureuses des villes et villages, s'appliquant à trouver toutes les combinaisons dont les circonstances actuelles de l'endroit ou du moment démontraient le besoin, distribuant ici des médicaments, du chauffage et de l'abri, là, des vêtements, des vivres, de la literie, et partout de l'argent, soit en don gratuit, soit pour donner de l'emploi aux gens sans travail.

Quatorze départements ont été ainsi secourus ; 162,579 personnes ont ainsi trouvé un allégement à leurs misères. Est-il quelque chose de plus beau dans l'histoire de l'humanité ?

Tous ces détails, vous les trouverez consignés, avec d'autres que je regrette de ne pouvoir reproduire, dans le livre publié par M. James Long, sous ce titre, d'une touchante naïveté : *Rapport sur la répartition des secours faite par la Société des Amis (Quakers) aux victimes innocentes de la guerre en France* (1870-1871). Ce livre, M. James Long avait qualité pour l'écrire, car, sans faire partie lui-même de la Société des Quakers, il s'est associé à leur œuvre, il s'en est fait l'agent et le missionnaire, et c'est à son infatigable dévouement que doit s'adresser en grande partie la reconnaissance de nos compatriotes.

Le Moniteur universel.

Les sympathies que la France recueillit à l'étranger dans le cours d'une guerre désastreuse, les subsides que la bienfaisance privée des autres pays fit parvenir à nos populations foulées par l'ennemi, ne sont point sortis de nos souvenirs. Une durable reconnaissance est acquise à des efforts qui ont adouci bien des misères et réparé bien des ruines. *Parmi ces œuvres, toutes dignes de la plus sérieuse gratitude de la part des Français, il y en a une qui se distingue par la grandeur du bien qu'elle a accompli, c'est celle de la Société anglaise des Amis (quakers). Les respectables adhérents aux doctrines de Penn sont par tous leurs principes des adversaires de la guerre, et ne pouvant empêcher le fléau d'éclater, ils tâchent de guérir au moins une partie des blessures qu'il inflige à l'humanité. A peine une terrible rivalité eut-elle mis aux prises les Allemands et les Français, tandis que d'autres ne songeaient qu'à multiplier les moyens de destruction, eux pensaient aux ravages sans nombre qui allaient s'abattre sur un des deux pays, peut-être sur tous les deux. Avant même de savoir où elle irait, leur bienfaisance était prête à se mettre en route, bien sûr qu'elle trouverait assez d'occupation partout où la guerre aurait passé.*

L'invasion ne pesa que sur la France ; ce fut en France que la Société des Amis apporta ses secours. « Courageux comme des soldats, ardents comme des missionnaires, » ses délégués se répandirent d'abord sur la partie du territoire la première frappée, sur la frontière de l'Est. On les vit du Luxembourg à la Suisse, distribuer à la détresse des habitants les subsides si considérables qu'avaient recueillis les efforts collectifs de la charité privée. C'est ainsi que les secours fournis à la seule ville de Metz et aux environs s'élèvent à la somme d'un demi-million.

Cette bienfaisance si large était réglée par un bon sens prévoyant qui savait la faire aboutir à l'emploi le plus utile, le plus pratique. On l'a dit avec esprit, en même temps qu'ils avaient le courage du soldat et la pieuse ardeur du missionnaire, les délégués des Amis étaient réguliers comme des comptables. « Ils ont dressé avec une merveilleuse exactitude le bilan de ces opérations commerciales d'un nouveau genre qui consistent à toujours donner et à ne rien recevoir. » C'est dans le rapport que M. Long, le représentant de la Société des Amis en France, a présenté sur cette œuvre de bienfaisance internationale, qu'il faut en étudier les détails pleins d'un douloureux et néanmoins consolant intérêt. Que de souffrances, mais aussi que de charité ! Une armée a passé là, elle a foulé aux pieds la récolte, elle a enlevé les grains, abattu ou amené les bestiaux ; son œuvre de destruction se prolongeant dans l'avenir a détruit jusqu'à l'espoir des futures récoltes ; plus de semences, plus d'instruments aratoires, plus de bœufs, plus de chevaux. La ruine est complète. Alors d'un pays qu'on est embarrassé d'appeler étranger après une telle marque de sympathie, vient la bienfaisance, qui ne peut tout réparer, hélas ! mais qui peut beaucoup soulager ; elle ranime les malheureux découragés, et en leur fournissant des moyens de culture, elle les ramène au travail. Les contrées dévastées s'ensemencent, et l'espoir d'une meilleure année luit sur la misère présente.

La Société des Amis fit un peu plus tard pour le Centre ce qu'elle avait fait pour l'Est ; elle trouva, ce qui était trop simple, de généreux auxiliaires parmi les Français. Le rapport de M. James Long fait connaître combien les délégués ont eu à se louer du gouvernement, des compagnies de chemins de fer, des comités français. Quand l'œuvre approcha de sa fin, M. Long qui, par respect pour les principes de la Société des Amis, n'aurait pu accepter ni pour lui ni pour un des délégués la croix de la Légion d'honneur, la demanda pour trois membres des comités français. Il est presque inutile de dire qu'il obtint, mais il est juste d'ajouter que M. Barthélemy Saint-Hilaire, en écrivant à M. Long au sujet des ces décorations, trouva de dignes expressions pour louer une œuvre qui ne cherchait pas la louange :

Au milieu de tous les désastres qui accompagnent la guerre, dit-il, il est bon qu'il se rencontre des hommes sages et désintéressés qui ne songent qu'à en atténuer les maux.

Dans les tristes circonstances où la France s'est trouvée, votre Société, fidèle à ses principes, aura fait de la seul prix qu'elle ambitionne. Je l'en félicite pour ma part, car pour les âmes un peu hautes, c'est la plus belle récompense qu'elles puissent recevoir de la bonté de Dieu.

Il y a quelque chose de plus éloquent que tous ces éloges, c'est le simple chiffre des secours fournis par la Société des Amis et dus à des souscriptions individuelles.

Voilà ce qu'a pu faire une seule société. Les descendants ou les coreligionnaires de ces chrétiens que leur tolérance, la pureté de leurs mœurs, la simplicité de leurs manières, leur charité et leur horreur pour la guerre, signalèrent dès le 17e siècle beaucoup plus que quelques particularités de costume, se sont trouvés avec un prompt et infatigable dévouement au bien, prêts à secourir nos populations ruinées par l'invasion. L'œuvre généreuse des Amis doit exciter en nous plus que de la reconnaissance, elle doit entretenir dans nos cœurs les idées de paix et d'humanité. Après avoir lu le rapport de M. Long, il est impossible que l'on ne se redise pas sérieusement combien la guerre est coupable quand elle n'est pas nécessaire, et combien, même nécessaire, elle laisse après elle de maux à soulager, de ruines à réparer.

Le National.

Si la France, pendant la désastreuse guerre qu'elle a supportée près de huit mois, n'a trouvé dans les gouvernements étrangers aucun appui, aucun secours effectif, elle a rencontré en retour, chez les populations elles mêmes, des sympathies qui ne sont pas restées à l'état de sentiments et de platoniques manifestations, mais qui se sont traduites par des faits, par des actes. Nous n'en sommes plus à compter les marques de sympathie que la France a reçues pendant cette guerre ; l'énumération en serait trop longue et risquerait encore d'être incomplète. De toutes parts sont accourus des hommes venant défendre cette France qu'ils considéraient comme leur seconde patrie ; de tous côtés ont afflué dans notre pays des secours pour nos soldats et pour nos concitoyens ruinés par les dévastions des armées envahissantes. C'est que, où les chefs d'Etats, dans leur égoïsme mal entendu, n'ont vu que l'affaiblissement d'un pays voisin, les populations, elles, avec le véritable instinct des choses qui parfois guide les masses, ont senti le lien intime qui les unit au peuple français. Elles ont compris, et c'est leur gloire. la solidarité profonde qui existe entre tous les peuples, et qui fait que les désastres de l'un rejaillissent forcément sur tous les autres. C'est là le secret, l'explication de ce vaste mouvement qui s'est déclaré de toutes parts en faveur de la France vaincue et démembrée, et lequel un peuple intelligent et soucieux de ses intérêts, le peuple anglais, a tenu la première place et a mérité de la conserver dans notre reconnaissance.

Nous venons de recevoir, par la gracieuseté d'un ami, le rapport publié sur la répartition des secours faite par la Société anglaise des (Quakers) aux victimes de la guerre en France. Ce document que l'auteur, M. James Long, a dédié au président de la République, contient l'historique de cette Société qui, depuis des années, s'est dévouée à cette œuvre de fraternité sociale en secourant dans plusieurs occasions et dans différents pays, les victimes des famines, des inondations et des guerres. La devise de cette Société est celle de véritables amis de l'humanité, qui ne bornent pas leur mission à de vagues consolations, à de sonores protestations de dévouement et de sympathie. Leur devise est celle-ci : REF NON VERBA. Et ce sont bien des actes qu'ils ont accompli en faveur de la France, ces membres d'une secte de vrais et de véritables amis qui se sont unis pour s'entr'aider et *pour soulager l'humanité souffrante, en dehors de tout esprit de parti, de toute opinion politique ou religieuse.*

Ce qu'ils ont fait pour la France pendant la guerre de 1870, le rapport que nous avons sous les yeux nous l'apprend. Ils ont centralisé les secours que le peuple anglais envoyait à la France, ils sont devenus les dépositaires et les dispensateurs des dons d'un grand nombre d'Anglais qui n'étaient point membres de la Société.

Ces secours, évalués, dit M. James Long, auquel nous les empruntons, d'après les cours de l'époque en France. forment en total une somme de *4,130,071* fr.

Venant, après les batailles, réparer derrière les vainqueurs les désastres et les ruines qu'avaient laissés le passage des armées prussiennes, ils ont, dès la chute de Metz, commencé leur œuvre et distribué des secours, au milieu de la famine, de la peste et de la dévastation causée par les terribles batailles livrées dans le nordest de la France. Après l'armistice, des délégués de la Société des amis se transportèrent au centre de la France, dans ces départements qui venaient d'être le théâtre des combats des armées de la Loire; ils apportèrent aux paysans ruinés des semences, des bestiaux, ils leur fournirent des instruments aratoires, leur donnèrent des vêtements, des vivres et jusqu'à de l'argent. Ils ne bornèrent pas leur action réparatrice aux seuls départements du nord et du centre; plusieurs d'entre eux s'empressèrent, dès la conclusion de l'armistice, de visiter les environs de Paris, si ravagés par les combats du siége, et de porter des secours de toute nature aux victimes de la guerre, jusqu'à ce que l'insurrection du 18 mars ait rendu impossible temporairement l'accomplissement de leur charitable mission — mission cependant qui a été depuis heureusement achevée.

Voici le résumé des résultats matériels de l'œuvre de la Société des Amis (quakers) :

Quatorze départements ont été secourus; 63,962 hectares de terre ont été ensemencés par les soins et les fonds de la Société des Amis; enfin 162,379 individus ont participé aux secours qu'ils ont distribués.

Devant de pareils résultats, en présence du dévouement des membres de la Société des Amis et du peuple anglais, dont ils ont été, auprès de nos compatriotes malheureux, les délégués et les représentants. la France ne pouvait moins faire que de leur manifester, en toute occasion et par tous les moyens possibles, sa reconnaissance. La France n'a pas manqué à ce devoir. Sa gratitude envers le peuple anglais et en particulier envers la Société des Amis, s'est exprimée dans une foule d'adresses émanant des conseils municipaux, des comices agricoles, des comités auxiliaires locaux, des préfets des départements, des maires des communes, dans des lettres innombrables de notables et d'individus de tout rang. La presse parisienne et la presse de province ont prodigué également leurs félicitations et leurs remercîments à cette Société, à qui des comités spontanément formés ont offert de nombreuses médailles d'or et d'argent, en commémoration de leurs généreux efforts.

La Société des agriculteurs de France après avoir établi le relevé des secours distribués en France par la Société anglaise des Amis (*quakers*), secours qui forment, comme nous l'avons dit, une somme de plus de *quatre millions* de francs, ajoutait, par l'organe de son président, cette simple phrase à l'exposé de ces chiffres : « Aucun éloge n'atteindrait à l'éloquence d'un pareil chiffre. La reconnaissance de la nation est acquise aux hommes généreux qui ont tant fait pour la France. »

Le gouvernement qui avait aidé de tout tout son pouvoir l'œuvre de la Société des Amis, en accordant non-seulement l'exemption des droits, mais aussi le transport gratuit des secours, le gouvernement a remercié, au nom de la France, la Société des Amis. C'est M. Barthélemy Saint-Hilaire qui a été chargé par le président de la République d'adresser au représentant de la Société, M. Long, les remercîments du gouvernement français. Un autre témoignage de reconnaissance non moins précieux, *c'est l'adresse qui a été envoyée à la Société des Amis, au nom des victimes innocentes de la guerre, adresse signée par le ministre de l'agriculture et du commerce, au nom du peuple et du gouvernement français, par les députés, les préfets, les maires et un grand nombre d'habitants des départements secourus.*

La Société des Amis garde précieusement ce témoignage de reconnaissance du peuple français, c'est son livre d'or, car la seule récompense qu'ont ambitionné les membres de la Société des Amis, c'est de pouvoir dire qu'ils ont fait du bien; les témoignage innombrables de reconnaissance qu'ils ont reçus des populations secourus leur donnent droit de proclamer qu'ils ont grandement contribué au relèvement de la France. Le souvenir de ces bienfaits sera toujours inséparable de celui de nos désastres; il adoucira l'amertume de notre douleur, car nous n'oublierons jamais que, dans ces jours de malheur et de misère, la France, abandonnée de tous les gouvernements, a reçu de tous les peuples et surtout du peuple anglais des marques de sympathies et des preuves de dévouement inépuisables.

Le Vœu National de Metz.

Société anglaise des Amis (Quakers)

Nous venons de lire, avec un vif intérêt,

le remarquable rapport rédigé par M. James Long, sur la répartition des secours donnés en France par la *Société anglaise des Amis (Quakers)*.

Fides, spes et caritas (foi , espérance, charité), telle est la devise de son ouvrage, devise heureusement choisie , car c'est la charité chrétienne qui , au dix-neuvième comme au dix-septième siècle , a accompli de grandes choses dans notre malheureuse Lorraine ; c'est elle qui inspirait saint Vincent de Paul quêtant par toute la France et venant nourir nos contrées ravagées par la guerre ; c'est elle encore qui de nos jours a guidé l'entreprise généreuse des Quakers et leur a permis de réunir en si peu de temps et de distribuer avec une telle libéralité les dons de toute nature offerts par leurs compatriotes.

Pour donner une idée de l'activité et de la générosité de la Société anglaise, rappelons à nos lecteurs que dès le mois d'octobre 1870, avant la déplorable capitulation de Metz, les Quakers avaient déjà secouru les villages les plus ravagés au nord et au sud-ouest de Metz;

Que depuis cette époque ils ont donné à notre département :

Semences............. 256,250 fr.
Vivres et combustibles.. 306,947

562,947

sans compter les vêtements, les couvertures , les objets de toute nature apportés d'Angleterre et distribués dans notre pays.

Qu'enfin ils ont procuré aux cultvateurs des instruments à prix réduit, et mis à la disposition de ceux qui avaient perdu leurs attelages un appareil Fowler d'une force suffisante pour cultiver 10 hectares par jour ou en labourer cinq.

La totalité des secours que les Quakers ont distribués en France dépasse quatre millions de francs.

Le rapport de M. James Long raconte simplement, avec vérité et justice, les obstacles que les Quakers ont rencontrés, et permet au lecteur de deviner l'infatigable charité qu'ils ont dû déployer pour les surmonter.

Il rend également un hommage mérité au concours qu'ont apporté à l'œuvre les membres des diverses sociétés françaises, notamment ceux du comice agricole de Metz.

Il omet seulement, et nous sommes heureux de pouvoir suppléer à cette omission, de dire la part considérable que l'auteur lui-même, M. James Long, a prise à cette pacifique croisade.

Nous avons en effet appris par l'*Indépendant de Loir-et-Cher*, que c'est M. James Long qui a eu l'heureuse pensée de faire venir d'Espagne un troupeau de vaches et de chèvres; qui a organisé, avec un mer-veilleux succès, le transport par chemin de fer et la répartition de ce précieux secours entre les familles pauvres les plus éprouvées par la guerre.

Partout, dans le rapport, éclate la vive sympathie de l'auteur pour la France et les Français. Il y mentionne avec soin les témoignages de reconnaissance que les Quakers y ont reçus. A ces divers points de vue le rapport est plus qu'un travail historique, il est de nature à établir, à resserrer entre deux généreuses nations, l'Angleterre et la France, les liens d'une estime et d'une amitié durables.

Le Journal de l'Agriculture pratique.

La *Société des Quakers* a tenu à imprimer à ses largesses un caractère de suite et de durée qui en multiplie les effets; elle prend pour ainsi dire sous sa tutelle ceux qu'elle assiste, et, par des combinaisons ingénieuses, elle leur assure le bénéfice de secours longtemps prolongés.

Nos lecteurs connaissent les grands services déjà rendus par la Société des quakers à nos pays envahis. Ils savent comment le représentant de cette digne Société, M. James Long, a payé de sa personne dans l'œuvre de bienfaisance alimentée par le dévouement d'Anglais au grand cœur. M. James Long s'est, pour ainsi dire, condamné lui-même à la bienfaisance à perpétuité. La guerre est finie, des secours considérables ont été distribués, il reste à son poste, il visite sans cesse la chaumière des malheureux, il plaide leur cause auprès des généreux, il est de ceux qui, sans faux esprit de nationalité, veulent travailler à relever la France plus haut que jamais, parce que, cette fois, elle aura profité des leçons de l'adversité et aura reconnu ses côtés faibles et pris virilement la direction de ses destinées.

Maintenant M. James Long s'occupe spécialement de Belfort, c'est-à-dire d'une ville et d'un pays que les Prussiens voudraient bien garder, car Belfort est d'une très haute importance militaire. Mais M. James Long reste à son point de vue. Il voit des incendiés, des victimes de la guerre à soulager. Il ne lui en faut pas davantage pour qu'il s'opiniâtre dans son noble rôle de promoteur de bonnes œuvres. Il a le double génie de la charité et de la justice. Il réussit, et c'est avec bonheur que nous venons d'apprendre que, parmi les souscriptions provoquées par ses chaleureux appels, il y en a une de 33,000 fr. dont l'auteur a voulu conserver l'anonyme. Pensons à nos amis de Belfort, pensons aux Alsaciens et aux Lorrains, et espérons qu'un si noble exemple de générosité et de patriotisme trouvera des imitateurs.

. . . .

L'Écho de Poitou.

Nous trouvons dans une correspondance de Lorraine, adressée au journal le *Français*, quelques détails sur l'œuvre de la *Société des Amis*, qui sont de nature, ce nous semble, à intéresser le lecteur. Voici cette correspondance :

« M. Thomas Whitwell a traversé Metz samedi 20 avril, terminant son cinquième voyage en France ; il venait de visiter Dijon et Belfort pour distribuer encore l'énorme souscription de la *Société* religieuse *des Amis (quakers)*. On sait de quels efforts spontanés, immenses, les *quakers* ont été capables en notre faveur. Par une note en date du 31 octobre 1871, M. Drouyn de Lhuys constate que leur souscription a dépassé le chiffre inattendu de *quatre millions*.

« Aussi, M. Victor Lefranc, ministre de l'agriculture et du commerce, a-t-il voulu transmettre à M. le président de la Société anglaise, les remerciements du président de la République française et du conseil des ministres. Le 16 novembre 1871, il lui a écrit dans les termes suivants : « Puisse le souvenir de notre profonde reconnaissance vivre chez vous aussi longtemps que vivra chez nous le souvenir de vos généreux efforts. »

Pas un de nos champs de bataille, qui n'ait été témoin de l'activité, de la charité ardente et ingénieuse des *Amis!* Entrés à Metz avec les Prussiens, ils y ont séjourné pendant plus de sept mois, nourrissant 150 Communes de la banlieue par leurs distributions de farine, ensemençant des terres menacées de rester incultes, par l'arrivée d'Angleterre de trois énormes trains chargés d'avoine et d'orge, introduisant enfin la charrue à vapeur Fowler. Secondant nos populations héroïques pendant la guerre, ils ont usé de toutes les formes de la charité. Ils ont établi des fourneaux économiques à Pont-à-Mousson ; ils ont donné du travail aux forgerons sans ouvrage d'Ars-sur-Moselle ; ils ont commandé, à Gorze, des broderies que les Quakeresses ont su placer à Londres pour des sommes importantes. On peut dire que rarement le dévoûment fut plus désintéressé que le leur. M. James Long ne voulut pas accepter la décoration de la Légion-d'Honneur.

Le refus fait par l'*ami* James Long de la décoration de la Légion-d'Honneur ne provient pas, comme on pourrait le penser, du mépris pour cette distinction ; il lui a été inspiré et imposé par les usages de sa Société, qui proscrivent toute recherche dans le costume, tout luxe extérieur. On sait que les *amis* ne se bornent pas à repousser péremptoirement le service militaire ; fidèles à la lettre des prescriptions évangéliques, ils refusent de prêter serment même en justice ; ils tutoient indifféremment tout le monde, même les princes et les rois ; et ce tutoyement, au premier abord étrange dans leur bouche, y prend, au bout de quelques heures de conversation, un accent de franchise et de cordialité qui fait du bien à l'âme.

On a constaté que presque tous les *quakers* sont riches ou du moins prospèrent dans leur commerce. Ce succès est dû surtout à la stricte probité dont ils se sont fait une loi, à la sobriété et à la modestie de leurs goûts et de leurs habitudes ; les *amis* sont la preuve vivante de la vérité de cette maxime anglaise *honesty best policy*, « l'honnêteté est la meilleure des politiques, »

Courrier du Havre.

Nous avons déjà fait connaître à nos lecteurs l'œuvre de bienfaisance accomplie en France par la *Société* anglaise *des Amis*, laquelle a répandu parmi les populations françaises victimes innocentes de la guerre, des secours en argent et en nature évalués à 4,130,071 fr.

En rendant un hommage mérité au zèle infatigable et à l'absolue abnégation dont a fait preuve en cette circonstance le représentant de la *Société des Amis* M. James Long, nous n'espérions pas avoir jamais le bonheur de serrer cette main loyale qui a répandu tant de bienfaits parmi nos compatriotes et qui a su faire, suivant le principe des *Amis*, tant de bien avec aussi peu de bruit. Nous avons donc été heureux de voir et d'entretenir longuement cet ardent philanthrope, ce vrai chrétien, venu au Havre pour provoquer un nouveau mouvement de bienfaisance en faveur des victimes non-seulement de la guerre, mais du patriotisme.

« Il vaut mieux faire du bien que de faire du bruit. » est une maxime de la Société des *Amis* (Quakers).

Cette maxime n'a malheureusement pas beaucoup d'adhérens en France, où le *bruit* paraît si indispensable qu'il se mêle même au *bien*, qui se fait avec le plus apparent et même le plus réel désintéressement.

Pourtant il s'est produit, à l'occasion de nos récens désastres, une œuvre de *bien* qui, non seulement s'est passée de *bruit*, mais a mis le plus grand soin à éviter tout tapage. Nous regrettons seulement que cette œuvre n'ait pas été française : car c'est à la *Société* anglaise *des Amis* généralement connue sous le nom de *Quakers*, que nous devons cette œuvre.

Aujourd'hui M. Long, entreprend un nouveau labour. Il songe à organiser partout, en France, des souscriptions, à solliciter des secours pour faciliter aux pauvres émigrés Alsaciens-Lorrains, la possibilité de venir s'établir en France, une œuvre essentiellement Française. Il faut alors de la publicité, — *il faut faire du bruit*, — notre concours énergique lui est assuré.

La *Société des Amis* compte en Angleterre un nombre respectable, mais comparativement minime, d'adhérens, 17 mille environ; cette limitation de nombre, en dépit de l'ancienneté de la Société et en présence des millions de fidèles que des sociétés remuantes, telles que les Baptistes, les Wellesleyens, etc., ont conquis, est dûe surtout à l'absence de toute propagande de la part des *amis* qui, considèrent comme contraire aux droits et intérêts de la Vérité toute démarche active pour faire des prosélytes.

Mais si les *Amis* par peu, ils agissent beaucoup; et lorsque la France s'et trouvée écrasée sous des malheurs sans précédens, les *Amis* ont mis à venir à son secours une ardeur d'autant plus méritoire que systématiquement hostiles à toute guerre, même défensive, la cause de nos malheurs devait leur être particulièrement antipatique.

On sait que le traité de Francfort, en respectant *la tetlre* des engagements relatifs à la faculté d'option laissée aux Alsaciens-Lorrains sur leur nationalité, a aggravé *judaiquement* les charges et conditions de cette option, en exigeant que les habitants des départements cédés transportent *effectivement* leur domicile en France, c'est-a-dire *s'exilent* du pays qui les a vu naître. Jamais une telle condition n'a été imposée au vaincu par un vainqueur sans générosité. Il était réservé à l'Empereur des *Allemands* d'employer de tels moyens pour forcer les populations qu'il *prétend* allemandes, à rester sous son autorité.

Et bien! cette exigence atroce a manqué encore son but; les populations valides et jeunes de l'Alsace-Lorraine ont émigré *en masse*; et avec une insouciance sublime, elles ont passé la frontière sans même savoir si, au-delà de cette frontière dans cette France à laquelle elles sacrifiaient tout, parenté, fortune, passé et avenir, elles trouveraient le morceau de pain indispensable pour ne pas mourir de faim en touchant le sol de la Patrie.

Le gouvernement français a-t-il fait tout ce qu'il devait faire pour répondre à cette confiance patriotique? Nous croyons que non. Nous affirmons que, depuis un an et demi que l'Assemblée a voté des fonds pour l'installation en Algérie des émigrés Alsaciens-Lorrains, on aurait pu faire *quelque chose, beaucoup* pour cette installation, et qu'on n'a *rien* fait, RIEN! Mais laissons le gouvernement à sa routine et allons au plus pressé.

Il y a, au moment où nous écrivons, dans les localités frontières de la France dans l'Est, des milliers de familles qui n'ont pas un morceau de pain à mettre dans leurs bouches. Toutes ces familles avaient, dans leur pays natal cédé à l'Allemagne, de la terre, une maison, un état qui les faisaient vivre; elles ont quitté tout cela pour rester Françaises. Est-ce une folie! Admettons que c'en soit une, descendant en ligne directe de la *folie de la croix*, est-ce un motif pour nous de les abandonner? N'en est-ce pas un au contraire pour leur venir en aide, non par des paroles, des promesses, des conseils, mais par des actes immédiats?

C'est ce qu'a pensé le représentant de la *Société des Amis*; et il a choisi le Havre pour donner le branle à une *agitation de bienfaisance* en faveur des émigrés alsaciens-lorrains.

Ce choix honore notre ville; et nous comptons bien que les résultats le justifiront.

Mais que l'on se hâte; il n'y a pas une minute à perdre, car la faim n'attend pas.

Nous empruntons à des lettres adressées par M. James Long aux journaux de Paris et des provinces quelques renseignements touchants au sujet de ce qu'il appelle avec raison l'*Exode Alsacien-Lorrain*, dont il a été le témoin à la fois attristé et sympathique :

L'EXODE ALSACIEN-LORRAIN

La France du 30 septembre 1872.

C'est ce soir qu'expire le délai donné aux Alsaciens-Lorrains pour opter entre la France leur patrie et l'Allemagne leur vainqueur. C'est ce soir que le dernier lien légal qui rattachait encore à la nationalité française nos concitoyens d'Alsace-Lorraine, va se briser pour ceux que des nécessités impérieuses de situation auront retenus dans les provinces annexées à l'empire allemand.

C'est ce soir aussi que ceux de nos compatriotes qui ont opté pour la France seront obligés de rompre avec tout ce qui fait le charme et la consolation de la vie : les habitudes du foyer, les traditions de la famille, l'attachement au pays natal. Il faut avoir vécu au milieu de ces vaillantes populations de l'Alsace et de la Lorraine pour mesurer toute la profondeur des angoisses qui doivent en ce moment les torturer. Optants et non optants sont également malheureux, parce que tous ont une vivacité de patriotisme qui doit leur rendre odieuse la domination allemande. Mais s'il faut plaindre ceux qui resteront allemands de nom, toujours français de cœur, un sentiment d'immense commisération et d'admiration doit s'élever dans toute la

France, en présence de ces émigrants volontaires qui quittent leurs demeures, leurs champs, qui déchirent les liens de leur passé pour rester fidèles à la France. Rien de navrant et de beau à la fois, comme cette protestation du patriotisme contre la conquête.

Voilà les conséquences du principe de la force qui prime le droit.

La journée du 30 septembre 1872 sera une date douloureuse pour l'Alsace-Lorraine; elle est en même temps une date imposante pour la France. Elle lui dicte, en effet, de grands devoirs. Ce n'est pas de l'attendrissement qu'il faut à cette heure, c'est un ferme propos de ne point trahir la confiance que les exilés alsaciens-lorrains mettent en nous. Ces familles que la loi rigoureuse d'un vainqueur inexorable expulse sans pitié, ont un droit absolu à la protection de tous leurs concitoyens. Elles viennent à la France; la France doit aller à elles, et les rassurer. Elles renoncent à leur passé pour s'aventurer dans l'inconnu. Il faut que la patrie à qui elles sont restées fidèles leur assure le présent. Quant à l'avenir, il est dans les mains de Dieu.

Loin de nous la pensée de rabaisser au niveau de considérations égoïstes le sacrifice qui s'achève aujourd'hui; mais la politique de la vie, pour les États comme pour les particuliers, consiste dans l'harmonie des intérêts. *Ce serait peu faire, pour conserver les droits au dévouement de l'Alsace-Lorraine, que de se borner, en faveur de nos compatriotes émigrés, à des protestations sentimentales.*

Il est nécessaire que leur abnégation patriotique ne leur devienne pas fatale, que leur confiance ne soit pas un leurre, et que s'ils ont tenu à rester Français, ils n'aient pas lieu de regretter leur fidélité.

Voilà quelle doit être pour la France la signification de la journée du 30 septembre. Aux déchirements, aux douleurs qui, sur les bords de la Meurthe, de la Moselle et aux pieds des Vosges, clôront cette journée cruelle, il faut qu'elle réponde par une ferme volonté de tout rendre, autant que possible, à ceux qui, pour elle, ont volontairement tout perdu.

Quant à l'Allemagne, il est douteux qu'elle profite beaucoup de son implacable rigueur. Sans renoncer aux moindre de ses droits, elle pouvait au moins se montrer indulgente. L'histoire nous apprend qu'il faut plaindre et non pas envier les peuples qui cherchent leur puissance en dehors de la modération.

L'EXODE ALSACIEN-LORRAIN

« RES NON VERBA »

Monsieur le rédacteur,

Je viens vous remercier cordialement du bon accueil que vous avez toujours fait à mes appels en faveur des populations affligées de l'Est, et vous prier de vouloir bien m'accorder de nouveau un petit coin de votre journal, afin que je puisse une fois de plus recommander à la vive sympathie de tout bon patriote et à toutes les âmes généreuses leurs sœurs et leurs frères de l'Alsace-Lorraine, que l'amour de la patrie a forcés de rompre avec tout ce qui fait le charme et la consolation de la vie : les habitudes du foyer, les traditions de la famille et l'attachement au pays natal.

Oui, Monsieur, le 1er octobre 1872 — l'irrévocable délai pour ces vaillantes populations est venu, — mais non sans laisser des souvenirs ineffaçables dans leur mémoire et dans celle de leurs enfants. Ceux qui ont assisté à ce spectacle navrant de l'*Exode Alsacien-Lorrain* ne sont pas restés davantage indifférents devant ce tableau navrant. Il faut avoir connu de près ce peuple pour mesurer toute la profondeur des angoisses qui, en ce moment, les torturent, ces émigrés volontaires qui ont quitté leurs demeures et leurs champs, qui ont brisé les liens de leur passé pour rester fidèle à la France. Rien de navrant et de beau à la fois comme cette protestation du patriotisme contre la conquête. Oui! ils sont venus à la France, ces braves gens, — ils ont renoncé à leur passé pour s'aventurer dans l'inconnu, croyant implicitement que la patrie, pour laquelle ils ont tant sacrifié, viendra les accueillir et leur assurer au moins le présent. Quant à leur avenir, ils sont heureux de le laisser dans les mains de Dieu.

Oui, Monsieur, le 1er octobre — jour fatal — est venu. Qui peut dépeindre ce qui s'est passé la veille de ce jour sur toute cette ligne noire qui, comme un cercle de fer, enserre aujourd'hui tous ceux de vos compatriotes, maintenant *Allemands de nom*, toujours *Français de cœur*, qui ne franchissaient pas cette barrière avant *minuit* de cette journée cruelle? Les journaux ont beaucoup parlé de cette terrible échéance, mais l'expression me manque pour rendre l'impression douloureuse, les déchirements irréparables qui lacérèrent les cœurs des malheureuses populations d'Alsace-Lorraine, obligées de rester sur le sol devenu prussien lorsque sonna comme un glas funèbre, la dernière heure de ce délai fatal. Encore moins puis-je décrire les incidents qui ont signalé cet Exode vraiment biblique d'émigrants ne cessant d'affluer, sur le territoire français où, dès les premières étapes, on leur tendait une main secourable et amie. Ce flot d'hommes, femmes et enfants s'enfuyait comme poursuivi par des flammes dévorantes ou comme chassé d'une ville que la peste aurait frappée. Qui peut parler sans larmes de ces malheureuses mères qui avaient hésité jusqu'au dernier jour d'abandonner leurs demeures et celles de leurs ancêtres, mais qui, entraînées à la fin par le mouvement général et luttant contre les angoisses de la nature, essayaient de gagner la frontière à temps pour ravir à l'étranger et donner à leur patrie l'enfant qu'elles portaient dans leur sein, — ces pauvres mères condamnées à voyager dans des wagons encombrés d'émigrants, quelques-unes mêmes réduites à piétonner, sur la grande route? Faut-il s'étonner, si par suite des émotions de cette nuit de tristesse, plusieurs ont succombé et si plus d'une naissance date des champs et des convois. Un exemple suffira : Dans un train qui s'approchait de la frontière, un accouchement a eu lieu. A la sollicitation de la mère et du consentement unanime des assistants, l'événement a été caché jusqu'à ce que la limite ait été franchie.

Dieu vienne en aide à ces nobles mères! Dieu protège ce noble peuple si leur patrie et leurs frères peuvent les oublier; car la position d'une foule de ces braves gens est bien critique, si l'on songe que leurs ressources ne les protègent que pour quelques jours contre la misère.

S'il y a des hommes capables de leur reprocher leur conduite, s'il y en a, qui disent: « Quelle folie anime ces gens de là-bas! », je leur répondrai : « Serait-ce la plus insigne folie qu'un peuple ait jamais commise sur terre, le sentiment qui les anime, je l'adore et si, pour leur venir en aide, il me faut sacrifier le reste de cette faible existence que depuis deux ans j'ai consacrée au soulagement des victimes de la guerre en France, le sacrifice serait volontiers fait, car cette vaillante population et la Société anglaise des Amis ne sont pas étrangères l'une à l'autre. Combien de ces Lorrains et de ces Alsaciens ont été déjà secourus, nourris et vêtus, soignés dans leurs maladies et abrités contre les intempéries de ce triste hiver de 1870-1871, par les soins personnels des membres de cette Société. Oui, je les admire! je reconnais leurs mérites! Et, au nom de la Société des Amis, je les remercie cordialement de leur digne conduite.

Mais, Monsieur le rédacteur, un autre hiver est bien proche et va les trouver en grand nombre dans le même dénûment qu'en 1870-71, si vos compatriotes qui en ont les moyens ne viennent pas de suite à leur aide. Que la France s'empresse donc de montrer qu'elle est digne de recueillir dans son sein, une population qui a fait preuve d'un grand patriotisme. Tous vos compatriotes auront à cœur, de prouver à l'Europe que les étrangers n'ont pas eu une plus tendre sollicitude pour ces populations affligées de la France, que leurs propres frères.

Les voilà alors, Monsieur le rédacteur, arrivés de ce côté de la frontière au nombre de plusieurs centaines de mille d'émigrants. Grand nombre d'eux ont abandonné tout ce qui leur a appartenu sur cette terre. Et la France est fière de ces enfants, et elle a raison! Mais ils espèrent, ces malheureux, voir leurs frères venir leur serrer la main et leur souhaiter la bienvenue au foyer maternel. Dans leur pénible voyage, les villes et les campagnes voisines les accueillent avec cette hospitalité qui les distingue. Mais, ni cette brave population de l'Est qui a déjà tant souffert et tant donné pour soulager les malheurs d'autrui, ni l'État même, ne peuvent tout faire, et ce serait même injuste de l'exiger. Il faut que tout bon patriote songe à sa responsabilité individuelle et ne se borne plus aux protestations sentimentales et à de vaines expressions d'admiration et de sympathie, stérile consolation qu'on s'est borné trop longtemps à donner à ces victimes de la guerre, victimes même, jusqu'ici, de leur patriotisme. Par la voix de la presse, par la voix unanime du public français, ces vaillantes populations ont été encouragées à sacrifier tout pour la patrie. Elles l'ont noblement fait et celui qui plaide leur cause aujourd'hui, vis-à-vis de leurs frères qui les ont engagées même à ce sacrifice douloureux, se trouve forcé de demander si cet amour de la patrie ne leur deviendra pas fatal?

DES ACTES, PAS DE PAROLES!

On n'attendra pas, je l'espère, de voir ces braves gens frapper aux portes et mendier. Ceux qui ont pu conserver quelque ressource ont trop d'amour-propre et ils sont tous trop travailleurs pour vouloir manger le pain de paresse. Mais il y a beaucoup de familles chargées d'enfants qui ne peuvent pas s'éloigner de la frontière, pour trouver ce gagne-pain honorable qu'ils désirent. C'est pour cette catégorie plus spécialement que je tends la main aujourd'hui et que je demande avec instance des secours prompts et efficaces.

Ne restez pas, je vous en supplie, insensibles à ce nouvel appel que je vous adresse. Suivez l'exemple donné par un Alsacien au noble cœur qui, dépouillé lui-même de son patrimoine, n'en a pas moins tendu à ses frères d'Alsace une main secourable, avec une offrande de 33,000 francs! Donnez avec cette générosité que commandent les circonstances, donnez avec cette générosité qui a toujours distingué la France, et songez surtout qu'aujourd'hui il s'agit de donner à nos compatriotes, à nos frères d'Alsace-Lorraine non pas même tout ou partie des biens qu'ils ont volontairement perdus, mais seulement

7

de quoi vivre jusqu'à ce qu'ils aient pu s'établir sur cette terre de France pour laquelle ils ont montré un si profond attachement. Encore une fois, n'oubliez pas vos frères malheureux d'Alsace-Lorraine, et songez à la responsabilité que vous avez contractée à leur égard en les encourageant à opter pour la France qui ne doit pas au moins les laisser mourir de faim.

Veuillez bien agréer, monsieur le rédacteur, l'expression de mes sentiments de respect et de dévouement.

JAMES LONG,
Représentant de la Société anglaise
des Amis.

Monsieur le rédacteur,

Me voici à Belfort, suivant l'émigration alsacienne et désireux de savoir ce qu'étaient devenus tous ceux qui, dans les journées des 28 et 29 septembre, avaient pris leurs billets de chemin de fer pour cette ville; je voulais aussi m'assurer par moi-même du bien fondé de certains bruits que j'entendais autour de moi. J'ai voulu voir et j'ai vu. Mais quelle misère !

Vous ne pouvez vous faire aucune idée de la fièvre de départ qui a couru, d'un bout à l'autre de l'Alsace, à l'approche du moment fatal. Beaucoup se sont décidés, à la dernière heure, à quitter l'Alsace, qui, la veille encore, n'avaient aucune intention d'émigrer. L'horreur de la domination prussienne l'a emporté sur toute autre considération. Des ouvriers, des paysans ont pris avec leurs famille le chemin de la France, ayant tout juste les moyens de se faire transporter jusqu'à la frontière. Les lignes de chemins de fer, les grandes routes, les défilés des Vosges, ont déversé sur le territoire français un nombre encore inconnu, mais énorme, de malheureux dénués de toute ressource, qui ne voulaient à aucun prix se réveiller Prussiens le lendemain matin. Une fois parvenus de l'autre côté des Vosges, ils s'en remettaient à la grâce de Dieu et à la charité de leurs compatriotes.

Cette charité a fait des merveilles. D'a-près ce que j'apprends ici, la population de Belfort, pourtant si cruellement éprouvée, a été magnifique d'abnégation et de dévoûment. Mais on a été littéralement débordé, et, à l'heure où je vous écris, la gare est remplie d'émigrants qu'il a été impossible jusqu'à présent d'expédier plus loin. Les salles d'attente regorgent de femmes et d'enfants; dans la salle d'attente des premières, je compte plus de trente enfants, dont le plus âgé n'a pas dix ans. Aucun bruit ne se fait entendre; tout ce petit monde est d'une tranquillité étonnante. Une pauvre femme, vêtue de noir, pleure, tenant sur ses genoux un marmot de quatre ans. De sa petite main, l'enfant lui caresse les joues en disant : *Warum*

weinst du, Mutter? « Pourquoi pleures-tu, mère ? » Il ne comprendra que plus tard toute l'étendue du sacrifice accompli par sa mère, pour préserver sa tête blonde du casque prussien.

Des garçons plus âgés entrent parfois dans les salles; ils ont été courir dehors sous une pluie battante, leurs casquettes sont ornées de la cocarde tricolore. Ceux-là savent pourquoi ils ont quitté leurs foyers; quelques-uns en paraissent fiers.

On me dit que les gares de Vesoul et de Gray présentent le même spectacle.

Les premiers que l'on ait fait partir sont les jeunes gens de seize à vingt et un ans. On craignait qu'après le 1er octobre, les Prussiens ne s'arrogeassent le droit de visiter leurs papiers, et beaucoup d'entre eux n'étaient pas en règle sous ce rapport, leurs parents ayant bien opté pour la France, mais étant restés en Alsace.

Il m'est impossible de vous raconter tout ce que je vois et tout ce que j'entends, mais il m'en restera une impression ineffaçable. J'avais vu l'Alsace aux jours de sa prospérité, et je l'avais aimée; pendant la guerre, j'avais pu admirer le courage et la stoïque résignation de ses habitants; aujourd'hui, je ne trouve point de mots pour exprimer ce que je sens. L'Alsace est sublime de dévouement et d'amour pour la France; jamais elle n'a été française et patriotique comme à l'heure actuelle, et ne croyez pas que je parle seulement des émigrants. Non; la partie de la population qui n'a pas quitté le sol natal est restée tout aussi fidèle, et, comme disent les Anglais, tout aussi loyale que ceux qui ont pris le chemin de l'exil. Nous pouvons l'affirmer hardiment, malgré la lugubre échéance du 1er octobre, l'Alsace est aujourd'hui ce qu'elle était hier, et elle sera demain ce qu'elle est aujourd'hui; tous les mensonges de la presse officieuse prussienne n'y feront rien et ne changeront pas la situation......

JAMES LONG

Univers illustré.

Il y a quinze jours, je signalais l'élan avec lequel les habitants des vaillantes provinces d'Alsace et de Lorraine, à quelque condition qu'ils appartinssent, se hâtaient de profiter des derniers jours qui leur restaient pour faire leur déclaration d'option. Nous voici à la veille du terme fatal, et, sous l'empire de l'émotion que me causent les correspondances que nous recevons de ces contrées en deuil, je ne puis me dispenser de revenir sur le même sujet et de raconter quelques détails qui serrent le cœur.

Aux personnes qui veulent bien lire ces chroniques, je n'ai plus à apprendre qui est M. James Long; je leur ai dit avec quel dévouement admirable, depuis deux ans, ce représentant de la Société anglaise [des

Amis avait parcouru les départements où la guerre avait semé la ruine et la désolation, et notamment ceux de l'Est annexés à la Prusse. M. Long, qui a enseigné à des milliers de familles à connaître et à bénir cette fraternelle Société des Quakers, pour qui la charité et le devoir chrétien ne sont pas circonscrits dans des discours et des formules, M. Long, adresse à la sympathie publique un nouvel appel dont les circonstances actuelles ne montrent que trop le caractère d'urgence.

« Les employés, dit-il, les pauvres mêmes, sont entraînés par l'exemple, et des familles entières arrivent tous les jours à la frontière, ayant abandonné, pour *l'amour de la patrie*, leurs humbles demeures, leur gagne-pain et tout ce qui leur a appartenu sur cette terre. *Ce sentiment s'empare même des pauvres petits orphelins*, qui s'esquivent la nuit des refuges allemands et marchant pieds nus, gagnent la frontière, tant ils ont peur de devenir prussiens. »

Bien sec serait le cœur de celui qui pourrait lire sans émotion ce dernier détail. Ainsi, selon une expression que j'emprunte à la même lettre, « le sentiment du » sauve qui peut » dans le sens le plus patriotique, le plus noble, se répand du rang le plus élevé jusqu'aux conditions les plus humbles. »

Qui aurait jamais pensé que, dans la seconde moitié du XIXe siècle, on aurait à évoquer la comparaison de l'Exode biblique, en parlant de deux provinces françaises !

Le Havre.

L'EXODE ALSACIEN-LORRAIN
Et la Société anglaise des Amis (Quakers).

Nous assistons au dernier et au plus cruel acte de la tragédie machinée par la Prusse. Nos frères d'Alsace et de Lorraine, après avoir enduré tous les maux de la guerre et de l'invasion, sont aujourd'hui chassés de leurs foyers par les impitoyables exigences du vainqueur.

Sacrifiant fortune, avenir, arrachant de leurs cœurs les souvenirs du foyer qu'ils aimaient tant, livrés à tous les hasards du lendemain, affolés de patriotisme, ils fuient vers la France comme autrefois les Hébreux vers la Terre promise. Nous admirions la ferveur du mouvement d'option qui proclamait leur attachement à la patrie; aujourd'hui, nous contemplons avec stupeur cette immense courant d'émigration qui fait le vide autour des conquérants.

Cela dure depuis des mois déjà. Excepté ceux qui s'étaient donné la patriotique mission de venir en aide à nos compatriotes, nul ne se doutait encore de l'étendue de leurs douleurs, et l'on ignorait également la mesure et la grandeur du sacrifice.

De toutes les villes de France, voisines de la nouvelle frontière, arrivent des descriptions navrantes de l'Exode de nos compatriotes. Verdun, Nancy, Toul, Lunéville, Bar-le-Duc, Epinal, Remiremont, Belfort, Montbéliard, Vesoul, Dijon, Besançon voient défiler chaque jour les longs convois que les Allemands regardent s'éloigner avec une satisfaction qu'ils ne déguisent nullement. C'est par milliers que les exilés du patriotisme errent à nos frontières. Des villes entières sont dépeuplées, et il faut remonter aux grandes migrations des peuples de l'antiquité pour trouver une comparaison à cette désertion.

A Metz, qui comptait, il y a dix ans, 56,000 habitants, il ne reste plus que 20,000 Français, parmi lesquels dix-sept conscrits, tous impropres au service. A Obernai, en Alsace, ville de 6.000 âmes, on ne compte plus que trois conscrits, dont un seul est propre au service. « Bitschwiller, écrit le correspondant du *Times*, était une des villes les plus prospères de l'Alsace; récemment huit grandes manufactures de drap y ont été vendues à bas prix à une Compagnie allemande, et patrons et ouvriers sont partis plutôt que de travailler hors de France. J'apprends d'une source allemande que 2,000 personnes ont quitté cette ville. » Et le correspondant du journal anglais ajoute : « Ce n'est qu'un exemple que je choisis parmi des cas fort nombreux que je pourrais citer. » Plus loin, d'après un calcul basé sur des inductions et des analogies, le même correspondant ne craint pas d'évaluer à près du tiers de la population d'Alsace-Lorraine le chiffre des émigrants.

Depuis des mois, nos appels et nos exhortations ont encouragé et préparé ce départ dont la contagion dépasse peut-être tout ce que nous avions envisagé. Et maintenant que nous savons ce que c'est qu'un peuple sans asile, sommes-nous bien prêts à subvenir à sa détresse ? Avons-nous réfléchi à la responsabilité qui nous lie envers ceux qui ont tout perdu sur terre, pour rester nos frères?

Ce sont les étrangers qui se chargent de nous faire connaître notre devoir. La conscience de l'Europe semble se réveiller à la révélation de tant de misères.

Des témoignages attendris, quelques-uns même indignés, se font entendre; les journaux anglais en particulier, même ceux-là qui ne nous avaient point habitués à tant de justice, constatent avec une admiration émue ce qui a été fait là-bas pour la patrie française dans ces provinces qu'on disait être allemandes de race et de cœur.

Un philanthrope anglais, qui depuis la guerre n'a cessé d'exercer dans nos provinces ruinées une mission d'infatigable bienfaisance, vient d'arriver au Havre pour y provoquer une souscription en faveur des exilés Alsaciens-Lorrains.

M. James Long, — c'est le nom de cet homme de bien, — représente en France l'admirable Société des Amis (Quakers). Les respectables adhérents aux doctrines de Penn sont par tous leurs principes des adversaires de la guerre, et, ne pouvant empêcher le fléau d'éclater, ils tâchent au moins de guérir les blessures de ses victimes.

Dès qu'Allemands et Français furent mis aux prises, ils prévirent les ravages sans nombre qui allaient s'abattre sur un des deux pays, peut-être sur tous les deux. Avant même de savoir où elle s'emploierait, leur bienfaisance était prête et leur sympathie assurée *aux plus faibles*. L'invasion ne pesa que sur la France; ce fut en France que la Société des Amis apporta ses secours!

Courageux comme des soldats, ardents comme des missionnaires, ses délégués se répandirent sur nos frontières de l'Est, pour répandre avec discernement les subsides considérables qu'avaient recueillis les efforts de leur charité. C'est ainsi que les secours fournis à la seule ville de Metz et aux environs s'élèvent à la somme d'un demi-million!

Nous avons sous les yeux le rapport que M. Long a rédigé sur cette œuvre de bienfaisance internationale. C'est là que, comme on l'a dit avec esprit, « est dressé, avec une merveilleuse exactitude, le bilan de ces opérations commerciales, d'un nouveau genre, qui consistent à toujours donner et à ne rien recevoir. »

La Société des Amis fit plus tard pour le Centre ce qu'elle avait fait pour l'Est' et si la moisson a ramené la prospérité dans ces régions dévastées par la guerre, c'est que la prévoyance des Amis avait tenu prêts les moyens de culture et les semences.

Il y a quelque chose de plus éloquent que tous les éloges, c'est le chiffre des secours fournis et dus à des souscriptions individuelles. Ce total dépasse des millions de francs.

Voilà les titres qu'ont M. Long et les descendants des chrétiens dont les vertus édifièrent le dix-septième siécle, à nous parler aujourd'hui au nom de l'humanité.

C'est donc un mouvement purement local que M. Long vient provoquer, en nous apportant l'écho des plaintes déchirantes qui s'élèvent des frontières d'Alsace et de Lorraine vers la patrie. En nous proposant l'exemple de fécondité charitable donné par ses amis les Quakers, il montre la voie à notre patriotisme, et il vient mettre au service de notre bienfaisance le même dévouement dont il a donné tant de preuves.

Nous sommes certain que sa propagande sera facile et fructueuse parmi notre généreuse population.

Le Journal du Havre.

Nous publions ci-dessous une lettre adressée par les Dames du Comité Hâvrais de la souscription d'Alsace-Lorraine à M. James Long, et à la suite sa réponse et une lettre qu'a écrite M. James Long à M. le maire du Havre, en quittant cette ville.

« Le Havre, 8 novembre.

» Monsieur,

» Nous ne saurions vous laisser partir sans vous exprimer une fois encore notre sincère admiration et notre profonde reconnaissance pour la grande œuvre de charité que vous avez entreprise dans le but de soulager nos chères et malheureuses provinces. Grâce à votre initiative, bien des misères ont été soulagées, et vous nous avez appris ce que nous ne saurons jamais assez, tout ce que nos frères souffrent là-bas et les devoirs immenses que leurs sacrifices nous imposent.

» Nous nous sentons doublement émus en songeant que depuis tant de mois vous avez quitté votre pays pour vous consacrer exclusivement au nôtre. La charité chrétienne seule est capable d'inspirer un pareil dévouement.

» La Société des Amis doit être fière d'être si noblement représentée par vous. C'est donc au nom de notre chère France que nous venons vous remercier de votre sympathie si active et si bienfaisante, et nous vous prions d'agréer, monsieur, l'assurance de tout notre dévouement et de notre profonde reconnaissance.

(Suivent les signatures.)

A Mme la présidente du Comité havrais de secours aux Emigrés Alsaciens-Lorrains.

Madame,

Je viens de recevoir la lettre que les Dames qui composent votre Comité ont bien voulu m'adresser par votre aimable entremise, et je m'empresse de vous exprimer combien j'en suis reconnaissant. Les paroles sympathiques qu'elles ont prononcées à l'égard de la Société des Amis et de son représentant, m'ont profondément touché et j'en garderai pour toujours le doux souvenir.

L'œuvre qu'avec le concours de ces Dames vous avez bien voulu accepter sur mes instances et selon l'entraînement de vos propres cœurs et que, par un dévouement remarquable, vous avez si promptement menée à bien, me confirme dans la conviction que je vous ai exprimée dans la première séance du Comité où j'avais l'honneur d'assister — que les femmes doivent être associées à toutes les grandes œuvres de bienfaisance où leurs concours est tou-

ours un gage de succès, et que dans le relèvement moral et matériel de la Patrie
elles ont un grand rôle à remplir — ce
que les Dames du Hâvre viennent une fois
de plus de prouver par l'empressement
qu'elles ont montré dans cette circonstance et par le noble résultat de leurs généreux efforts.

Plaise à Dieu, Mesdames, que votre
exemple trouve des imitateurs dans toutes
les villes de France! — Exemple, que je
serai heureux, pour ma part, de citer partout où me conduira ma mission en faveur
de l'humanité souffrante. J'en bénis le
Ciel et tous ceux qui ont aidé a mener à
bonne fin cette œuvre si digne de toute
âme généreuse et patriotique.

Veuillez bien alors, Madame la présidente, agréer pour vous et pour vos dignes
collaboratrices, l'expression de mes sentiments de respect, reconnaissance et dévouement.

Signé : JAMES LONG.
Représentant de la Société anglaise des Amis.
Le Havre, 12 novembre 1872.

« Le Havre, 12 novembre.

» *A M. le maire de la ville du Havre.*

» Monsieur,

» Je ne veux pas m'éloigner de votre
ville sans venir vous témoigner combien
j'ai été touché de son accueil si sympathique et si empressé, et de la réponse généreuse qu'elle a faite à mon appel, au nom
de la Société anglaise des Amis, en faveur
des émigrés alsaciens-lorrains.

» Ces témoignages d'estime accordés à
la Société dont j'ai l'honneur d'être le représentant par une ville d'un département
où les efforts de cette Société pour relever
de leurs ruines vos contrées envahies ne
s'étaient pas fait sentir, est d'autant plus
remarquable et digne d'appréciation. Soyez
bien convaincu alors, monsieur le maire,
que la Société des Amis appréciera comme
elle le mérite cette manifestation de la ville
du Havre, qui justifie ainsi une fois de
plus sa réputation longtemps établie qu'elle
est autant le Havre d'espoir pour tous ceux
qui, ballottés par les vagues d'adversité,
se trouvent forcés d'envisager le naufrage
de leurs plus chères espérances, que pour
les marins battus par la tempête et mena-
cés d'être engloutis dans les abîmes de
l'Océan.

» C'est un hommage donc que je me plais
à rendre à votre ville, que j'y ai rencontré
plus que partout ailleurs en France ces
dignes sentiments, que la richesse a ses
devoirs ainsi que ses droits, et que dans
toute œuvre bienfaisante ou patriotique le
denier de la veuve doit se confondre avec
l'offrande du riche et être accueilli avec le
même empressement. Ce sera pour moi un
exemple à citer partout dans votre pays,

où j'aurai besoin de faire appel à la bienfaisance publique.

» Veuillez bien alors, monsieur le maire,
agréer et présenter à la municipalité, à
l'excellente population de la ville du Havre
et à tous ceux qui ont prêté leur appui
dans cette circonstance, mes remercîments
les plus chaleureux. Les rapports fréquents
que j'ai eu l'honneur d'avoir avec vous et
vos collaborateurs m'ont permis d'apprécier l'élévation des sentiments qui vous
animent tous, rapports dont je conserve-
rai bon souvenir toute ma vie.

» J'ai l'honneur d'être, monsieur le
maire, votre bien dévoué,

» JAMES LONG,
» Représentant de la Société
» anglaise des Amis. »

Journal de Rouen.

Plusieurs centaines de mille Alsaciens-
et Lorrains ont déserté leur patrie devenue
allemande, et sont venus sur le sol français. Cet élan magnifique et énergique de
tout un peuple qui se lève pour dire à un
vainqueur impitoyable, avec lequel, pourtant il a des affinités de races incontesta-
bles : « Non, non, non, je ne veut pas être
à toi ni avec toi ! Tu me dis que ce serait
le calme, la prospérité, le bonheur ! Je
n'en veux pas à ce prix : je préfère la misère à l'abondance que tu m'offres ; je préfère la France faible et vaincue, à l'Allemagne victorieuse et forte, et je quitte cette
terre qui est mienne et que tu souilles de
ta présence. Je ne veux pas de tes lois ! »

Cet élan a suscité, en France, une admiration et un enthousiasme sans bornes. On
a applaudi, ravi, à ce soulèvement de la
conscience indignée d'une population que
l'Allemagne croyait séduire, et la nation
s'est montrée touchée et fière. Cela est
bien, mais ce n'est pas tout. Prenons garde
de ne considérer encore, en cette affaire,
que ce qui flatte notre amour-propre national, que le côté brillant des choses, sans
nous arrêter suffisamment aux obligations
et aux responsabilités que cet Exode nous
impose. Ces responsabilités sont lourdes,
et il ne faut pas essayer de nous y sous-
traire, sous peine, pour la France, d'un ir-
rémissible déshonneur.

Nous avons applaudi à cette émigration
des Alsaciens-Lorrains, par suite de l'option qu'ils ont faite en faveur de la nationalité française.

Et après, est-ce tout ? Imaginons-nous
que nous sommes quittes de toutes charges ? Ce serait une étrange erreur. Nous
avons dit à ces hommes, a ces femmes, à
ces enfants : « Venez à nous, ne soyez pas
Allemands ? » Et ils sont venus. Pouvons-
nous maintenant ne plus nous en occuper ?
Ce serait une étrange erreur que de le
croire. Il faut leur tendre la main, les secourir, les aider, par tous les moyens en

notre pouvoir, à prendre place sur le sol français, à s'y créer des positions, des ressources. Ces émigrants sont et doivent être pour nous, des personnes sacrées. Ils représentent deux choses: la protestation indignée contre la conquête brutale; le néant des revendications nationales de l'Allemagne.

Si la France recueille, en ce point, un bénéfice moral, elle en doit accepter les charges. C'est ce qu'on semblait un peu trop oublier. Il a fallu que ce fussent, en bien des cas, des étrangers qui vinssent le lui rappeler, et qui, apportant de leurs propres pays, des secours à nos compatriotes malheureux, vinssent nous dire à nous-mêmes : « Donnez ! »

C'est ce qui se passe en ce moment à Rouen. Nous avons signalé, hier, l'arrivée de M. James Long qui, au nom de la Société des *quakers*, s'est, depuis deux ans, avec une ardeur, un zèle, une sollicitude dont aucune parole ne le peut suffisamment remercier, voué au soulagement de ces misères profondes et persistantes. Les secours distribués par cette société, depuis deux ans, atteignent au chiffre de plus de *quatre millions de francs*. L'émigration des Alsaciens vient, aujourd'hui, créer de nouveaux besoins, et M. James Long, avec son infatigable dévouement se remet à la tâche. Il va, quêtant pour nos malheureux émigrants sans asile et sans ressources. Il arrive de Belfort, il a vu là cent mille personnes sorties en hâte des pays conquis et qui viennent, emmenant avec eux le seul bien qui leur fût le plus cher, leurs enfants et leurs vieillards.

Mais cette sublime résolution entraînait avec elle, accomplie sur une aussi large échelle, des misères bien considérables.

Ces milliers d'émigrants arrivant tout à coup sur nos nouvelles frontières, se sont trouvés par suite de leur dénûment et du sacrifice volontaire qu'ils venaient de faire à leur patriotique amour pour la France, dans l'impossibilité de poursuivre leur chemin plus loin.

D'un autre côté, les habitants de nos nouvelles frontières ont, jusqu'ici, accompli tous les sacrifices possibles pour satisfaire aux besoins les plus grands de nos pauvres compatriotes; mais leurs ressources, à eux aussi, se sont bien vite épuisées à nourrir ces mille et mille qui ont voulu fuir la Prusse. Leurs efforts, qui ont réussi à les préserver de la faim, sont impuissants à fournir aux malheureux Alsaciens-Lorrains, les moyens pécuniaires nécessaires pour qu'ils puissent venir eux et leurs familles jusque dans les départements éloignés, repartissant ainsi sur tous la charge que nous avons contractée, en saluant avec tant de joie leur option pour la nationalité française.

Dans ces douloureuses circonstances,

son dévouement philanthropique a inspiré M. James Long à organiser partout des souscriptions.

L'accueil le plus sympathique ne peut manquer d'être réservé à la bienfaisante croisade contre la misère, qu'il est résolu à entreprendre.

L'Écho du Havre.

« Monsieur le rédacteur,

« Je m'empresse de remercier cordialement les habitants de la ville de Rouen de la généreuse réponse qu'ils sont en train de faire à mon appel en faveur des populations affligées de l'Est, et je vous prie de m'accorder, de nouveau, le concours de votre journal, afin que je puisse, une fois de plus, les recommander à leur vive sympathie, leurs sœurs et leurs frères d'Alsace-Lorraine.

» Permettez-moi, en même temps, d'essayer de rétablir sous leur véritable jour diverses appréciations relatives à la mission spontanée, néanmoins, exigée par les sentiments de mon cœur, que j'ai entreprise en me rendant dans votre ville, ce centre du commerce et de l'industrie de la France.

» En plaidant la cause de ces patriotes exilés vis-à-vis de leurs sœurs et de leurs frères, je sens que ma position est un peu fausse, même anormale. Rien de plus naturel hors des départements où mes efforts en faveur des victimes de la guerre sont connus, qu'on se dise : « Comment est-ce que c'est un étranger qui se charge de nous faire connaître notre devoir ! Cela est véritablement un peu fort ! »

» Monsieur, dans l'œuvre du bien faire, je ne suis ni Anglais, ni Français, je suis cosmopolitain, et c'est un principe fondamental de la Société des Amis, dont j'ai l'honneur d'être le représentant, *de secourir l'humanité souffrante sans tenir compte ni de nationalité, ni de politique, ni de religion,* Société qui n'a aucune ambition, ni de secte ni de parti à satisfaire en France et qui ne cherche nulle récompense sauf celle de la conscience satisfaite : je veux même ajouter que la bienveillance de cette Société envers votre pays n'est pas épuisée. Si la France devait rester insensible aux misères des plus dignes de ses enfants, les Amis sauraient trouver encore des trésors de bienfaisance pour les soulager.

» Mais les Amis sont les serviteurs de la justice, en même temps que les apôtres de la charité. Ils ont la notion rigoureuse des responsabilités. Quand la France était sanglante encore et paralysée sous l'étreinte du vainqueur, ils ont recueilli ses enfants dispersés par la catastrophe et remplacé la patrie impuissante à les secourir. Aujourd'hui, ils voient en partie vos maux réparés, la prospérité renaissante, d'abondantes récoltes, la fortune publique relevée, la foi dans l'avenir restaurée. Ils croiraient vous faire injure en doutant de votre générosité, de votre justice.

» Ces malheureux n'attendent de secours que de la France, c'est vers elle qu'ils tournent leurs regards. Je n'oserais pas leur porter un argent étranger! C'est le patriotisme français seul qui peut et doit accueillir et payer cet immense sacrifice fait à la patrie. J'estime trop la France pour aller demander à des étrangers de nourrir ses enfants, qui, volontairement, meurent de faim, pour n'avoir pas voulu manger le pain du roi de Prusse!

» Je ne suis venu alors dans votre ville, monsieur, que pour porter l'écho des plaintes déchirantes qui s'élèvent des frontières de l'Alsace et de la Lorraine vers la patrie.

» Je ne suis venu que pour mettre au service de la bienfaisance rouennaise toute mon expérience et tout mon dévouement, et je suis convaincu que la propagande que, depuis deux jours, j'ai faite parmi la population généreuse de Rouen, sera fructueuse au delà de mes plus hautes espérances.

» Je ne suis venu que « pour mettre votre
» ville en relations directes avec les en-
» droits où le besoin est le plus grand et
» le plus urgent afin de garantir l'emploi
» le plus *désintéressé et le plus économique*,
» *le plus prompt et le plus efficace de vos gé-*
« *néreuses offrandes — car la faim et la peste,*
« *le désespoir de la mort, n'attendent pas la*
« *lenteur routinière d'une administration quel-*
« *conque.*

» Je ne veux ajouter maintenant, monsieur, que pour les répéter, des paroles que j'ai déjà adressées à d'autres villes de France :

» *N'oubliez pas vos frères malheureux, et songez à la responsabilité que vous avez contractée à leur égard en les encourageant à opter pour la France, qui ne doit pas au moins les laisser mourir de faim. Vous avez en ce moment charge d'âmes.* »

» Veuillez agréer, etc.

» JAMES LONG,
» Représentant de la Société
anglaise des Amis. »

Le Journal et l'Écho du Havre.

LES ALSACIENS-LORRAINS EN ALGÉRIE

M. James Long, l'infatigable philanthrope anglais, le généreux citoyen qui a entrepris de soulager les infortunes de nos compatriotes d'Alsace et de Lorraine, nous communique des documents pleins d'intérêt au sujet des émigrés. Son inépuisable ardeur à répandre des secours parmi les Français que l'invasion a désolés et ruinés le rendait apte, plus que personne, à diriger l'action des comités organisés en

vue de soulager les émigrants de l'Alsace-Lorraine. M. James Long vient, à cet effet, de parcourir un certain nombre de villes de l'Est. Il a pu examiner lui-même la physionomie des cités devenues allemandes, et constater qu'on n'a pas exagéré le sentiment d'attachement à la France qui y reste obstinément développé. En même temps, M. James Long a visité presque une fois par semaine depuis trois mois toutes les villes françaises devenues villes frontières à la suite de l'odieuse équipée du gouvernement impérial). Il s'est rendu compte du nombre des Alsaciens-Lorrains qui s'y trouvent, du plus ou moins d'opportunité qu'il y a à les secourir. Enfin, c'est un tableau synoptique des conditions diverses de toutes ces malheureuses cités, que M. Long a pu tracer sur les lieux, et aujourd'hui il a la satisfaction de voir son œuvre accomplie.

Dans une lettre qu'il nous écrit, M. James Long nous apprend que maintenant, grâce aux secours expédiés à Nancy, Belfort et autres villes frontières, nos concitoyens se trouvent dans une situation satisfaisante; cependant, il y aurait encore lieu d'envoyer des secours à Belfort, qui reçoit un grand nombre d'Alsaciens qui quittent leur pays. Malheureusement les Alsaciens-Lorrains qui ont émigré en Algérie sont dénués de toutes ressources, et leur misère est extrême. C'est sur ce point qu'il importe de diriger sans retard des secours. Nous adressons un nouvel et pressant appel aux souscripteurs de Rouen et de la Seine-Inférieure. Il suffira de lire les lettres d'Algérie que nous communique M. James Long pour se convaincre qu'il y a lieu d'agir sans retard.

Voici d'abord la lettre de M. James Long :

Rouen, le 9 décembre 1872.

Monsieur le rédacteur,

Je veux profiter de mon passage dans votre ville pour porter à la connaissance de vos lecteurs les renseignements recueillis dans ma dernière visite aux villes frontières où sont réfugiés les émigrés alsaciens-lorrains. Quant aux besoins de ces localités, je suis heureux de pouvoir constater que, dès le présent, nous pouvons rester sans tant d'inquiétude. Elles sont toutes, j'espère, en état maintenant de faire face aux dépenses nécessitées par l'immigration, à l'exception peut-être de Belfort, où le flot continue et où les secours accordés aux passants montent encore à 500 fr. par jour. Je suis également heureux d'être l'interprète de la profonde reconnaissance de toutes ces braves populations auprès des donateurs qui, par la générosité de leurs offrandes, autant que par leur promptitude, ont essuyé tant de larmes, car jamais ne s'est montrée plus juste la pensée de Senèque :

Bis dat qui cito dat, que dans cette conjoncture pénible.

Mais malheureusement notre œuvre ne s'arrête pas là. La scène où doit se diriger nos efforts est seulement transférée dans un endroit plus éloigné et plus en danger alors d'être négligé, car on est toujours assez disposé à oublier une misère quand on n'en a pas le spectacle sous les yeux. C'est pour cela, monsieur, que je vous adresse en même temps quelques lettres récemment reçues d'Algérie, qui indiquent, avec les détails les plus précis, la situation navrante des Alsaciens-Lorrains qui se sont aventurés dans cette colonie, où ils sont en ce moment dans une souffrance profonde et dans une situation des plus précaires, quand à leur avenir et à l'avenir de ce pays si plein de promesses.

C'est donc sur cette œuvre surtout que j'appelle maintenant la bienfaisance publique, et c'est dans ce sens, monsieur le rédacteur, que je vous prie d'appuyer mes efforts.

Veuillez agréer, monsieur, etc.

James Long.

De toutes les villes de France voisines de la nouvelle frontière, de Pont-à-Mousson, Ars-sur-Moselle, Pagny-sur-Moselle, Nancy, Epinal, Luneville, Vesoul, Belfort, Héricourt, Montbéliard, Besançon et Dijon, etc. Arrivèrent à cette époque des adresses ou des lettres de reconnaissance pour la Société des Amis et pour son Représentant. Citons-en ici quelques-unes :

DÉPARTEMENT de
MEURTHE-ET-MOSELLE
—
Ville de Nancy
—

COMITÉ DE SECOURS
AUX
ENFANTS D'ALSACE
ET DE LORRAINE
—
Nancy, le 15 novembre 1872.

Monsieur,

Nous avons reçu des divers comités de Rouen, du Havre, de Caudebec, etc., les sommes mentionnées dans votre décret du novembre courant et que vous avez bien voulu demander pour notre œuvre.

Le comité de secours aux enfants d'Alsace-Lorraine, de Nancy, se fait un devoir de vous exprimer sa vive gratitude pour le sympathique intérêt que vous voulez bien lui témoigner. Votre appui lui est particulièrement précieux par la solidarité qu'il atteste entre les nations et parce qu'il nous montre, de la manière la plus touchante, que la vraie charité pratiquée par la Société des Amis, dont vous êtes l'un des plus dignes représentants, ne connaît pas de frontières et qu'elle sait secourir l'infortune partout où elle se présente.

Veuillez agréer, Monsieur, avec nos sincères remerciements, l'assurance de nos sentiments reconnaissants et dévoués.

(Suivent les signatures.)
A M. James Long.

PATRONAGE des
ALSACIENS-LORRAINS
EPINAL (Vosges)
—

A *Monsieur James Long, représentant de la Société des Amis.*

Epinal, 14 novembre 1872.

Monsieur,

Je vous envoie ces lignes chargées de vous porter, au nom du Comité Spinalien, l'hommage de la vive reconnaissance que lui inspire votre gracieux dévouement à une œuvre si humanitaire. Notre Comité vous remercie bien sincèrement de votre intention cordiale en faveur de nos malheureux compatriotes émigrés. Il nous prouve surtout, que si lasse, si malheureuse que soit notre pauvre France, il se trouve en Angleterre des amis généreux, qui, avec nous, pensent et espèrent. Cette idée est une grande consolation dans les grands malheurs qui nous ont frappés.

Et votre sympathie — celle des Quakers anglais pendant la dernière guerre nous a été particulièrement sensible, alors que des esprits chagrins accusaient les Anglais de partialité envers la Prusse *triomphante* et *conquérante* au détriment de la France vaincue et démembrée.

Merci, Monsieur, merci, soyez béni de vos efforts et croyez à la sympathie profonde avec laquelle nous restons bien sincèrement vos amis.

Au nom du Comité,
Le Secrétaire, CHATEL.

Belfort, 18 novembre 1872.

A Monsieur le Président du Lloyd rouennais

Monsieur,

J'ai l'honneur de vous accuser réception de la somme que le Lloyd Rouennais met avec une si généreuse sympathie au service de l'émigration alsacienne ; l'étendue de ses misères n'est atteinte que par l'étendue de votre secours.

Au vote de reconnaissance que notre Société m'a chargé de vous transmettre, s'ajoute un vote de reconnaissance depuis longtemps acquis à M. James Long, puis-je vous prier de le lui faire agréer ? Il gagnera toute sa valeur à être transmis par vous, qui vous y connaissez si bien en dévouement. La charité a ses héros comme le courage, et dans leur nombre, M. James Long compte au premier rang; ses visites ont été marquées par des bienfaits dans notre pauvre Belfort, dont on a dit qu'il avait toutes les gloires, et dont je puis dire qu'il a toutes les charges. Au lendemain de la guerre et des misères, au milieu des ruines qu'avait faites un bombardement de trois mois, M. James Long est venu, il est venu avec cette énergique simplicité qui accomplit les grandes choses avec cette ardente charité qui atténue toutes les douleurs. Nos ruines ont été relevées et nos misères adoucies. Plus tard, au jour fatal où leur patriotisme arrachait nos frères d'Alsace et de Lorraine à leur pays natal, à leur foyer domestique, à leurs amitiés, à leurs souvenirs, au jour fatal qui les auraient, sans ressources, presque sans espoir à Belfort, au jour où nous étions écrasés par le poids de nos obligations. M. James Long est encore venu et notre œuvre était sauvée. Il avait jugé nos besoins et il nous a donné son appui. Cet appui, c'était aussi le vôtre, celui de tous les cœurs qui estiment surtout le patriotisme et la charité. Il vous faut, nous avait-il dit, un large concours, je sais, des cœurs dévoués qui nous le donneront ; quelques jours après nous recevions notre premier envoi...

Aujourd'hui, nous pouvons accueillir et soulager toutes les misères d'Alsace et de Lorraine, la Société des Abris Alsaciens est formée, ses statuts s'impriment en ce moment, les premiers travaux sont commencés depuis deux jours, dans trois semaines nos constructions seront édifiées et accueilleront quelques-uns de nos malheureux compatriotes, mais quelques-uns seulement. Notre entreprise, pour être complète, demanderait 100,000 francs et notre société n'a pu encore les réunir, mais nous savons ce qu'on peut attendre du dévouement de M. James Long et du puissant et généreux exemple que vous donnez.

Veuillez agréer, Monsieur, etc., etc.

Signé : Léon STEHELIN.

Comme un dernier et haut témoignage de l'appréciation qu'inspire la Société des Amis, et dans son caractère des Amis et dans celui de la Société pour l'Abolition de l'Esclavage, citons ici le Rapport d'une audience donnée à son Représentant, le 6 mars 1873, par Monsieur le Chef de l'Etat.

Monsieur le Président,

Je viens vous remercier, au nom de la « Société Britannique et Etrangère pour l'Abolition de l'Esclavage », et en mon propre nom, de l'honneur que vous me faites dans mon caractère de son Représentant en m'accordant une audience afin de vous présenter une Adresse de reconnaissance de la part de cette Société, — Société qui date son existence des jours de Wilberforce et qui compte encore parmi ses membres les plus dévoués des hommes dont les pères et les parents furent ses collaborateurs, et qui commencèrent eux-mêmes leur carrière philanthropique sous les auspices de cet homme de bien.

Pendant le courant du mois de Novembre dernier, je suis venu à Versailles faire des représentations auprès de Monsieur votre Ministre des Affaires Etrangères afin d'obtenir le concours des Autorités Françaises, sur la côte Orientale d'Afrique dans les efforts de cette Société, pour la suppression de la Traite des Nègres dans cette région, commerce tant développé depuis quelques années, que de Zanzibar même plus de 30,000 hommes, femmes et enfants sont vendus annuellement à l'esclavage en Arabie, la Perse et à Madagascar, et des calculs les plus modestes, plus de 75,000 sont enlevés chaque année de l'Afrique Orientale pour l'approvisionnement de ces pays.

Mais les horreurs qu'entraîne la Traite des Nègres sur cette côte ne se bornent pas à un chiffre même si élevé, car, suivant les rapports de Livingstone, de 5 à 18 succombent aux fatigues et aux brutalités pratiquées par la route pour un qui arrive à sa destination, disons même 6 en moyenne, et le nombre total des victimes de cet horrible trafic excède 500,000 âmes par an, résultat suffisamment terrible, on peut le croire, pour soulever l'indignation du monde civilisé.

Ces représentations étaient gracieusement accueillies par votre Ministre des Affaires Etrangères, et votre Gouvernement a bien voulu seconder les efforts de la Société Britannique en donnant des instructions précises à cet égard à ses Représentants dans cette région.

A la même époque, un Commissionnaire Royal est allé d'Angleterre pour faire des représentations dans le même but auprès du Sultan de Zanzibar et des Gouvernements de ces pays, — démarches dont la Société Britannique espère des résultats favorables ; mais, sans en attendre les résultats définitifs, elle s'empresse de vous en témoigner, Monsieur le Président, toute sa reconnaissance et en même temps de vous en exprimer personnellement ses sentiments de respect et de dévouement.

Veuillez bien, Monsieur le Président, me permettre maintenant de vous donner lecture de la traduction de cette Adresse et de la placer entre vos mains :

« A Monsieur Thiers, Président de » la République Française,

» Nous, soussignés, Membres du Comité » de la Société Britannique et Etrangère » pour l'Abolition de l'Esclavage, désirons vous exprimer » respectueusement notre haute appréciation et vive reconnaissance des mesures » récemment adoptées par le Gouvernement Français afin d'empêcher la Traite » d'Esclaves sur la côte Orientale d'Afrique, de s'abriter plus longtemps sous le » drapeau de la France.

» La réponse de M. le Ministre de la » Marine et des Colonies à l'interpellation » faite dans la séance de l'Assemblée Nationale du 6 novembre par Monsieur le » Député Schœlcher, et la manière dont » cette réponse fut accueillie par l'Assem-

8

» blée, nous encouragent à croire que le
» Gouvernement Français sent vivement
» l'importance immense des nouvelles ins-
» tructions que ce Ministre vient de com-
» muniquer aux Autorités Françaises et
» aux Officiers de la Flotte Française croi-
» sant dans les Mers Orientales. Nous
» sommes convaincus que leur coopération
» sympathique pour la suppression du tra-
» fic des Nègres sera des plus efficaces.

» Nous venons alors, Monsieur, au nom
» de ceux que nous nous faisons un devoir
» de sauver des terribles souffrances que
» l'Esclavage entraîne, remercier le Gou-
» vernement Français de sa prompte in-
» tervention dans la crise actuelle, et nous
» voulons en même temps exprimer nos
» vœux sincères pour la prospérité et pour
» la félicité du grand peuple au nom du-
» quel vous gouvernez la France. ·

» Nous vous prions, Monsieur le Prési-
» dent, d'agréer les hommages respectueux
» de vos serviteurs dévoués.

» (Suivent les signatures).

» New Broad Street, London, 23 jan-
» vier 1873. »

Permettez-moi maintenant, Monsieur le
Président, d'ajouter que le plus grand
nombre des signataires de cette Adresse
sont membres de la Société des Amis, dont
j'ai l'honneur d'être également le Représentant en France, — Société au nom de
laquelle j'ai eu la satisfaction de répartir,
depuis la fin de l'année 1870, des secours
considérables aux victimes de la guerre en
France, comme j'ai déjà eu l'honneur de
vous en informer dans le Rapport soumis
à votre appréciation le mois de Mai de
l'année dernière, répartition qui s'est
étendue à quatorze Départements et dans
laquelle 2,000 Communes et plus de 20,000
personnes ont été largement et efficacement secourues, — répartition de secours
de toute espèce qui représente en valeur,
jusqu'à cette date, plus de Cinq Millions de
francs.

Permettez enfin, Monsieur le Président,
que je profite de cette occasion de vous informer des démarches que j'ai eu la satisfaction de faire depuis, sous les auspices
de la Société des Amis et en faveur des
victimes de la guerre — de vous indiquer
enfin à quoi ont été dirigés mes efforts —
les différentes catégories de détresses que
j'ai été assez heureux de pouvoir contribuer à soulager :

1º Venir encore en aide aux agriculteurs
que la guerre avait ruinés, — spécialement
aux cultivateurs du Haut-Rhin en mettant
à leur disposition des Machines Agricoles,
que la cherté de main-d'œuvre avait ren-
dues indispensables ;

2º Assister les petits Marchands, les
honnêtes Ouvriers et les Pauvres honteux
en général, que le pillage avait dépouillés

de tous leurs biens; à regarnir leurs magasins, racheter leurs outils ou reconsti-
tuer leurs ménages; enfin, les mettre de
nouveau à flot et en état de gagner leur
vie;

3º Secourir les Blessés non militaires et
qui n'ont pas droit à une pension ou indemnité de l'Etat, mais dont la position
n'est ni moins précaire, ni moins digne de
pitié ;

4º Assister les familles qui ont perdu
leurs soutiens, — spécialement dans l'éducation de leurs enfants ;

5º Faire venir de ce côté de la frontière
et placer les Orphelins Alsaciens-Lorrains
qui n'ont plus d'autre famille que la grande
famille Française qui les a adoptés tous ;

6º Assurer des moyens d'existence à
ceux que l'Etranger avait chassés de leurs
foyers ou que l'amour de la Patrie avait
amenés à abandonner tout ce qu'ils ont
possédé sur cette terre ;

7º Enfin, relever les habitations des pauvres que l'incendie avait détruites pendant
la guerre, œuvre dans laquelle j'ai eu
l'honneur d'être le collaborateur de Madame
la Présidente et des Dames Patronnesses du
Sou des Chaumières, — œuvre qui a réussi
a cette date à relever de leurs ruines presque toutes les demeures de ces malheureux.

Telle a été, Monsieur le Président,
l'œuvre qui, depuis le dernier rapport, a
absorbé l'attention du Représentant de la
Société des Amis, — Oeuvre qui, dans tous
ses rapports, a eu pour moi un vif intérêt,
— mais surtout celui qui m'a dernièrement
occupé et que je cherche encore à mener
à bonne fin, — de secourir davantage les
pauvres émigrés Alsaciens-Lorrains dans
l'intérêt desquels j'ai déjà réussi d'affecter
une somme excédant 500,000 francs et de
trouver ailleurs, sans parler d'autres secours, les moyens de fonder une Cité Ouvrière, et un Orphelinat à Belfort et nombreuses demeures à Nancy pour les familles ouvrières qui se sont réfugiées et
ont fixé leurs domiciles dans ces villes.

A l'Emigration Alsacienne-Lorraine, cette
Emigration forcée en même temps volontaire, j'ai porté grand intérêt ; car je
suis membre moi-même d'une famille originaire de la France et émigrée de la Patrie dans une autre crise de son histoire,
maintenant éloignée et encore rapprochée
par le rapport des circonstances, époque
où le Pays perdit également une forte proportion de ses meilleures populations.

J'ai hérité alors d'un amour pour la
France et c'est pourquoi, Monsieur le Président, je me suis dévoué depuis deux ans
sans relâche et de toutes mes forces à panser les plaies de la Patrie et à essuyer les
larmes de ses enfants qui sont à moi,
comme Représentant de la Société des
Amis, doublement frères.

Oui, Monsieur le Président, j'ai toujours aimé la France et j'ai appris de la mieux aimer, même dans ses malheurs, que dans les jours de sa plus fière prospérité.

Ainsi, ces deux années que j'ai consacrées à porter mon humble concours à son relèvement, je les regarderai pour toujours comme les plus heureuses de ma vie.

Plaise à Dieu, Monsieur le Président, que le même bonheur vous attende, à proportion de vos immenses efforts et qu'il vous bénisse encore de voir la France sortir de ses épreuves plus pure, plus puissante, plus glorieuse que jamais.

Tels ont été, Monsieur le Président, les humbles efforts de la Société des Amis et de son Représentant, et tels sont leurs vœux les plus sincères pour vous et pour la France.

PRÉSIDENCE
de la
RÉPUBLIQUE

RÉPUBLIQUE FRANÇAISE

Versailles, le 18 mars 1873.

« Monsieur,

» Je suis chargé par Monsieur le Président de la République de vous renouveler ses remercîments pour l'Adresse que vous lui avez présentée et qu'il a reçue de vos mains au nom de la Société Britannique et Etrangère pour l'Abolition de l'Esclavage.

» Monsieur Thiers nous a dit lui-même tout l'intérêt que prend son Gouvernement à cette grande question d'humanité, qui n'est pas encore complètement résolue malgré tous les efforts des généreux et persévérants successeurs de Wilberforce. Ainsi que l'a déclaré notre Ministre de la Marine, dans une séance récente de l'Assemblée Nationale, le Gouvernement de la République s'associe bien volontiers à toutes les mesures qui sont prises pour la suppression de la Traite sur les côtes de l'Afrique Orientale et particulièrement à Zanzibar. Tout fait espérer que cet odieux trafic cessera bientôt. Le concours de l'Angleterre et de la France, dans ces contrées lointaines, ne peut manquer d'obtenir là, comme ailleurs, le succès qu'ont toujours obtenu les deux grandes nations quand elles ont pu s'entendre et s'unir.

» Agréez, Monsieur, mes salutations bien cordiales et l'assurance de ma considération la plus distinguée.

» B. SAINT-HILAIRE,
» Membre de l'Institut, Député à
» l'Assemblée Nationale. »

« A Monsieur James Long, »

PRÉSIDENCE
de la
RÉPUBLIQUE

RÉPUBLIQUE FRANÇAISE

Versailles, le 18 mars 1873.

« Monsieur,

» Vous avez remarqué vous-même, pendant l'audience que vous donnait Monsieur le Président de la République, combien il était touché de tous les détails que vous lui exposiez. La générosité de la Société des Amis envers nos malheureux compatriotes a été admirable, et le Chef de l'Etat a été heureux d'en exprimer sa gratitude. La Société des Amis a été dans cette occasion, comme toujours, fidèle à ses traditions, mais on ne saurait trop la louer de s'appliquer avec tant d'énergie et de persévérance à soulager les maux de l'humanité. Nos départements envahis ont reçu ses bienfaits si largement répandus ; et la Société peut se rendre le témoignage que, grâce à elle, bien des misères individuelles ont été guéries ou atténuées. Les calamités de la guerre ont été amoindries dans une grande mesure, comme l'atteste le Rapport intéressant que vous avez remis à Monsieur Thiers.

» Je vous félicite, Monsieur, d'avoir placé en tête de ce rapport une notice sur la Société des Amis. Vous contribuez ainsi à la faire mieux connaître et peut-être aussi à lui préparer des imitateurs et des adhérents. Parmi les associations charitables de tous genres, auxquelles le Christianisme a donné naissance avec une prodigieuse fécondité, il n'en est pas une seule qui soit plus digne de respect et chez qui le sentiment du bien ait été poussé plus loin.

» Je vous prie d'excuser le long retard dans l'accusé de réception de votre Rapport, dont j'aurais dû vous remercier depuis longtemps. Je vous prie également de faire observer à la Société des Amis que Monsieur le Président de la République s'est trouvé complètement d'accord avec elle sur l'Abolition du Serment, comme l'atteste son dernier discours du 4 de ce mois. Ce n'est pas d'ailleurs le seul point où nos sentiments se rencontrent avec ceux de la Société des Amis.

» Enfin, Monsieur, nous avons été heureux de retrouver en vous un homme qui se souvient de ses Ancêtres Français et qui, en retour du mal qu'ils ont jadis souffert, cherche à rendre aujourd'hui à la France tout le bien qu'il peut lui faire. C'est une magnanimité qui convient à la Société dont vous êtes le Représentant et qui s'inspire des enseignements les plus purs de sa religion chrétienne.

» Agréez, Monsieur, mes salutations bien cordiales et l'assurance de ma considération la plus distinguée.

» B. SAINT-HILAIRE,
» Membre de l'Institut, Député à
» l'Assemblée Nationale. »

« A Monsieur James Long, »

Sa Majesté la Reine d'Angleterre a bien voulu aussi témoigner, par l'intermédiaire de Son Excellence Lord Lyons, son Ambassadeur en France, sa haute appréciation de l'Œuvre de la Société des Amis — œuvre qui a tant fait, non-seulement pour réparer les désastres de la guerre, mais pour consolider des sentiments d'amitié et de fraternité entre les deux Peuples — sentiments qui furent temporairement obscurcis — la France ayant pensé, à tort ou à raison, que l'Angleterre l'avait abandonnée dans son jour d'affliction amère.

Paris.— Imprimerie Ch. Schiller, rue du Faubourg-Montmartre, 10.

BELFORT ET SES ENVIRONS

LA SOCIÉTÉ ANGLAISE DES AMIS

ET

LES VICTIMES INNOCENTES DE LA GUERRE

BELFORT ET SES ENVIRONS

LA SOCIÉTÉ DES AMIS & LES VICTIMES INNOCENTES DE LA GUERRE

APPEL EN FAVEUR DES INCENDIÉS

Moniteur universel du 28 juillet 1872.

Nous recevons la lettre suivante dont nos lecteurs prendront connaissance avec un vif intérêt. L'œuvre à laquelle s'est dévouée la société anglaise des Amis (quakers) est de celles qui s'imposent aussi bien par le but généreux assigné à leurs efforts que par le dévouement infatigable de ceux qui en ont conçu l'idée. Non seulement nous l'appuyons de toutes nos forces, mais nous remercions vivement ses promoteurs :

Monsieur le directeur,

A mon retour d'un voyage qui m'a ramené dans le Haut-Rhin pour faire ma dernière répartition de secours à la population affligée de ce département, j'ai pu lire dans votre numéro du 19 courant, et dans d'autres journaux, les lignes suivantes dans lesquelles on a tenu à faire mention des secours que j'ai eu la consolation d'offrir au nom de la société anglaise des Amis (quakers) aux victimes innocentes de la guerre en France :

« M. James Long, qui depuis 18 mois s'est dévoué à la distribution de 4,130,000 fr. de secours envoyés par la société anglaise des Amis (quakers) aux victimes de la guerre, disait au Comité du Sou des Chaumières que plus de cent familles, qu'il vient de visiter, sont encore sans abri et plongées dans la plus affreuse misère. Il ajoutait que non seulement cette population est énergique et courageuse, mais que la reconnaissance est innée en elle et que jamais elle n'oubliera les bienfaits de la France. C'est donc particulièrement pour ces braves et malheureux Alsaciens que nous tendons la main en demandant instamment encore le Sou des Chaumières. »

Voici à ce sujet quelques passages d'une lettre de M. Lebleu, administrateur de la partie française de l'Alsace :

« Le tableau fait par M. James Long est malheureusement exact ; c'est d'autant plus triste que ces pauvres gens sont les enfants de ceux qui, en 1814 et en 1815, avaient subi les mêmes horreurs, et qu'ils sont destinés à conserver les Prussiens jusqu'au dernier moment.

« Plus de cent familles sont dans la plus affreuse misère et, si l'on ne leur vient en aide, ils passeront un troisième hiver sans abri. »

Il ne me conviendrait pas de m'arrêter sur ces lignes, si elle ne me donnait une occasion d'appuyer cette autre partie du même article de votre journal qui parle d'une chose plus essentielle pour moi, c'est-à-dire de l'intérêt toujours croissant que devrait exciter dans tous les cœurs généreux ce petit territoire si éminemment français que vous avez pu conserver de l'Alsace.

La mission que j'ai entreprise en France m'a mis depuis dix-huit mois en relations intimes avec toute classe de la population de quatorze départements, mais quand je revois dans mon souvenir tous ces pays ravagés, une émotion plus vive s'empare de moi, un sentiment inexprimable de profonde admiration et de sympathie me gagne quand je pense à Belfort et ses environs, car à mes yeux cette cité devenue plus particulièrement grande par ses périls, grande par tous ses sacrifices, et c'est pourquoi, étant arrivé au terme du mandat que j'ai eu à remplir, j'éprouve le regret de n'avoir plus à ma disposition ce qu'il faudrait pour venir en aide à ses derniers incendiés.

Une pensée me console, c'est de savoir que le courant des offrandes continue à affluer au Comité du Sou des Chaumières. Plus heureux que moi, il lui sera donné, je l'espère, le pouvoir d'achever ce que j'ai commencé. Permettez-moi donc d'unir mes vœux aux vôtres pour que votre chaleureux appel soit entendu de toutes les âmes généreuses.

Ces efforts combinés de la charité sont d'autant plus urgents que la saison s'avance et qu'il y a encore beaucoup de demeures à reconstruire sur bien des points de votre pays. Je m'y intéresse bien sincèrement, et je tends la main pour toutes.

Si j'ai des préférences pour Belfort, elles ne peuvent ni ne doivent nuire à aucune misère des autres départements, et on me les pardonnera comme un témoignage que je me plais à rendre à une population d'un caractère rare et bien fortement trempé.

On lui avait avec justice, pendant son siége mémorable, appliqué ce vers d'Horace :

Impavidum ferient ruinœ.

Mais si alors son courage ne pouvait faiblir, car il se retrempait à toutes les heures du jour et de la nuit dans les angoisses de nouvelles souffrances, j'ai retrouvé après ces jours de deuil et de calamité ses habitants tout aussi impassibles au milieu de leurs ruines, et ils s'en honoraient avec fierté, au lieu de se plaindre, car elles prouvaient qu'ils avaient tous vaillamment fait leur devoir.

Sous les habits les plus grossiers j'ai rencontré dans les communes suburbaines la même résignation, la même élévation dans les sentiments. Ces braves cultivateurs ont repris la pratique de leurs vertus austères, et sans murmurer ils ont accepté d'avoir à vivre plus pauvrement encore qu'autrefois.

Et cependant quelles ne sont pas leurs pertes ! Elles s'élèvent à 8,000,000 qui sont à répartir généralement entre des habitants dont l'existence connaissait antérieurement plutôt la gène que l'aisance, et qui ne comptent que sur leur travail pour se relever — pertes qui sont venues s'ajouter aux dettes qui leur restaient de 1814, alors que leurs pères furent incendiés à la même place. Je leur connais après cette dernière guerre 200 incendiés, sans parler du chiffre innombrable de maisons qui furent effondrées et dont un bien grand nombre exigera des réparations tout aussi dispendieuses.

Plût à Dieu, et cette confiance ne m'abandonnera jamais, que tous les torts de certaines nations puissent se réparer bientôt sans autres carnages, afin d'éviter de nouvelles douleurs à ces victimes obligées de toutes les invasions.

En attendant de meilleurs jours, continuez, je vous prie, monsieur le directeur, à honorer Belfort de toute votre sollicitude, car donner à Belfort, c'est aussi donner à la ville qui supportera les dernières charges du joug étranger ; venir au secours de Belfort, c'est en même temps prouver notre attachement à tous à cette pauvre Alsace qui lui envoie chaque jour de nouveaux hôtes pour y élire leur domicile. Parmi ces exilés volontaires, combien en est-il de malheureux qui ne dédaigneront pas de partager le toit que vous aurez aidé à reconstruire ! Et en offrant à Belfort, c'est à toi-même que tu offres, ô France ! car tu n'as pas de plus nobles enfants que les siens pour garder ton Gibraltar.

Relever les ruines et grandir l'importance de Belfort, telle doit être la plus constante préoccupation de tout bon Français, car s'il est des exemples pernicieux, ceux qui viendront des Belfortains auront toujours cet avantage d'exercer une influence salutaire sur tous leurs concitoyens. Noblesse exige... Ils l'ont bien compris en ajoutant une nouvelle splendeur à leur ancienne réputation de sentinelle avancée et de gardienne de touts les vertus civiques. Noblesse exige... la leur ne faillira jamais... Et je suis heureux de m'en porter garant.

Veuillez agréer, monsieur le directeur, l'expression de mes sentiments les plus distingués.

JAMES LONG,
Représentant de la Société anglaise
des Amis (quakers).

Versailles, 28 juillet 1872.

VISITE DE M. LONG A BELFORT

LE 31 AOUT 1872

Moniteur universel et Journal de Belfort.

Si les terribles événements qui viennent de s'accomplir ont présenté des spectacles douloureux et souvent navrants, il faut aussi rendre hommage aux nobles sentiments dont ils ont provoqué la manifestation.

A quels magnifiques élans de générosité n'avons-nous point assisté dans notre territoire ? Quelles preuves de sympathie effective n'ont point été données aux souffrances de tous genres que la guerre avait imposées !

Un noble étranger, M. James Long, représentant de la Société des Amis (Quakers) d'Angleterre, dont la sympathie généreuse pour Belfort ne s'est jamais ralentie, qui partout s'est constitué le défenseur et l'appui de nos campagnes en ruines, a reçu, il y a quelque temps, un juste témoignage de reconnaissance : nouvelle preuve du bon cœur, de l'esprit droit de nos populations alsaciennes et françaises.

M. James Long avait désiré revoir une dernière fois avant son départ pour l'Angleterre une contrée qui lui est bien chère et lui apporter encore des secours.

Aussitôt arrivé, l'adresse suivante lui fut présentée par M. Juster, président du comité des secours au nom de tous les malheureux du territoire de Belfort.

A M. James Long, représentant du comité de secours de la Société des Amis (Quakers), Angleterre.

Monsieur,

Au moment où après avoir exercé pendant deux ans en France le bienfaisant apostolat que votre noble cœur avait accepté, vous allez offrir à l'Angleterre l'immense moisson de bénédictions recueillies par la

5

Société des Amis, dans quatorze départements ravagés par la guerre, rien ne m'est plus doux que de vous offrir le témoignage des sentiments de profonde admiration et de vive gratitude, dont sont pénétrés tous les malheureux de Belfort et de ses environs qui ont eu part aux bienfaits de cette Société.

Jamais ils n'oublieront que ce furent ses dignes délégués qui vinrent leur offrir les premières consolations efficaces.

Les blessés civils soulagés, les étables repeuplées, les maisons rebâties, les mobiliers refaits, les denrées remplacées et tant d'autres misères secourues formeront ici les plus beaux fleurons de cette couronne de mérites, qui sera l'éternel honneur de votre association. Mais pardessus tout, il est un nom que les mères apprendront à faire bénir par leurs enfants, et ce nom, c'est celui que vous portez.

Par cet hommage, on se plaît à vénérer en vous une sorte de providence attentive à toutes les souffrances. Si votre sollicitude fut grande pour toutes les misères de la France, chacun sait qu'elle fut plus tendre et plus vigilante encore pour cette contrée : ses habitants savent surtout que malgré l'épuisement d'une santé sacrifiée au service de la charité vous n'avez jamais reculé devant aucune fatigue pour accourir aux moindres gémissements de toutes les victimes innocentes de la guerre !

Honneur à la bannière si sublime de la croix rouge surmontée de *votre étoile tutélaire !...* à elle tous les hommes de cœur, de bonne volonté et de dévouement, enfin qu'elle abrite bientôt les destinées de tous les peuples.

C'est là notre vœu le plus cher, avec l'espoir qu'au jour de sa réalisation, la Société des Amis (Quakers), se retrouvera toujours pleine de vie et d'action à la place si belle et si glorieuse qu'elle a su mériter.

Agréez, Monsieur, le représentant, l'hommage de mes sentiments profondément reconnaissants.

Au nom du Comité des secours aux cultivateurs ruinés par la guerre, du territoire de Belfort.

A. JUSTER, *président.*

Après s'être enquis des dernières misères à soulager, M. James Long devait passer sa soirée chez un ami, à Essert, près Belfort.

C'est à l'occasion de sa présence dans cette campagne qu'eut lieu la manifestation relatée dans le *Journal de Belfort* et dans le récit de l'un de nos correspondants. A peine dans les villages environnants a-t-on connu sa présence, qu'une foule empressée est accourue. Hommes, femmes et enfants, veuves et orphelins portant des torches et des bouquets, et les hommes

leurs fusils, dont ils ont tiré un brillant feu de joie.

Essert, Danjoutin, Bavilliers, Offemont, Pérouse, Valdoie, et tous les villages les plus ravagés des environs de Belfort étaient représentés, avec leur maire en tête.

Celui de Danjoutin, en quelques paroles bien senties, a remercié M. James Long au nom de tous.

Monsieur,

Nous avions chargé notre président de vous exprimer toute notre reconnaissance, dans la crainte que nous avions de ne plus avoir l'honneur de vous revoir. Mais ayant appris votre présence dans ces lieux, nous sommes tous accourus pour vous redire combien nous sommes heureux de vous assurer que jamais nos cœurs n'oublieront le souvenir de vos bienfaits, et nous vous prions aussi d'adresser de notre part nos remerciements les plus chaleureux à tous les membres de la Société des Amis.

Vive la Société des Amis !... qu'elle vive toujours !

Vive James Long ! oui, et qu'il vive et longtemps !

Vivent tous les bienfaiteurs de l'humanité !

Tous ces vivats ont été répétés par toute l'assistance, et tous alors se sont approchés de lui, lui ont offert des fleurs, l'ont comblé de remerciements et de témoignages de reconnaissance.

Rien de plus touchant que cette scène improvisée et inattendue, car, par principe, M. Long s'est éloigné toujours des démonstrations pareilles de la part des donataires des secours répartis par la Société des Amis. M. Long les a remerciés à son tour : sa voix que l'émotion faisait trembler, a fait couler de bien douces larmes.

Un petit incident devait encore signaler les derniers instants de cette fête de reconnaissance.

M. James Long venait d'affecter une somme assez rondelette pour permettre a tous ceux qui s'étaient approchés de lui, d'arroser la bonne santé qu'ils lui avaient souhaité ; mais combien ne fût-il pas agréablement surpris, quand on vint lui apprendre que son ami en avaient à l'unanimité fait l'abandon en faveur d'un pauvre amputé qui se trouvait au milieu d'eux ! C'est sous l'impression de cette scène qui ne pourra jamais s'effacer du souvenir de tous ceux qui y ont assisté, que plusieurs toasts furent échangés.

M. l'administrateur de Belfort, dans quelques paroles des plus sympathiques et des plus éloquentes, a remercié le généreux étranger qui a tant fait pour soulager les malheurs et encourager les cœurs de ses administrés ; pendant que M. Noblot, conseiller général de la Haute-Saône, félicitait le peuple de son attitude calme, et digne de son ancienne histoire, et lui expliquait que de la régénération individuelle, dépend la régénération nationale, que sans l'initiative personnelle, et l'effort de chaque citoyen, tout gouvernement, sous n'importe quelle forme, restera impuissant à panser les plaies et à ressusciter l'ancienne vigueur de la nation.

Ne pouvant reproduire tous ces discours nous croyons être agréables à nos lecteurs en reproduisant celui prononcé en cette circonstance par le président du comice agricole du Haut-Rhin et du comité des secours pour les campagnes :

Cher ami,

Avant de nous séparer et après être devenu si souvent le fidèle interprète des sentiments d'affectueuse reconnaissance qui animent tous ces braves gens pour le plus grand de leurs bienfaiteurs, sentiments qu'ils ont tenu il y peu d'instants à vous exprimer eux-mêmes avec toute l'effusion de leur cœur, j'ai besoin de vous dire aussi combien, dans ces rapports si fréquents et si intimes où il m'a été donné d'être le confident de vos plus chères aspirations, je suis personnellement touché de nombreux témoignages d'amitié dont vous m'avez honoré. Ce sera l'un des plus doux souvenirs de toute ma vie, car au contact d'une vie si pleine de dévouement, de ce dévouement si pur et si désintéressé, au foyer ardent de cette grande charité, l'âme réchauffée se sent comme fortifiée contre les épreuves de la vie, qui sont un mélange de joie et de tristesse. De joie ? qu'ai-je dit ? mais il n'en est plus pour notre pauvre France depuis plus de deux ans... Eh bien, patience, patience et confiance... et espérons avec vous, mon cher ami, que bientôt les jours de deuil passeront, et la peine avec eux... Oui, bientôt nous vous convierons à la restauration de la grandeur de la France, alors que nous connaîtrons les jours de miséricorde et de réparations, à notre tour, de toutes les injustices. Mais quelle en sera la voie ? me demandera-t-on. Ne nous a-t-elle pas été indiquée par toutes ces âmes d'élite, quand elles sont accourues de tous les pays pour nous aider à nous relever de nos ruines ? (et il n'en est pas d'autres que l'alliance des peuples et le bonheur de l'humanité), *et ce grand moyen, ce seul moyen sera la charité, qui saura unir les cœurs et rétablir le règne du bon Dieu sur cette terre si profondément troublée par l'égoïsme et l'esprit de division.*

Oui, aimons-nous les uns les autres... tendons une main secourable à tous les déshérités des biens de l'instruction et de la fortune, afin de rendre aux uns et de faire occuper par les autres *la place qui doit être la leur dans nos sociétés si éminemment démocratiques. Et croyons tous que c'est seulement par cette fraternité bien entendue que nous parviendrons à faire disparaître de la terre cette inégalité si choquante et si peu méritée pour certaines conditions, inégalité qui fait seul obstacle à l'établissement du règne de toutes les libertés.*

Mais avant tout il faut apprendre à se rendre utile à nos frères et ne leur refuser aucun des services qu'il est dans les mesures de nos forces de pouvoir leur rendre. C'est la première des conditions. D'aucuns prétendent tout obtenir par l'instruction...; mais l'instruction a-t-elle suffi à ces apôtres de la charité, qui, tous animés d'un souffle divin, vinrent réaliser au milieu de nous tant de prodiges pour réparer nos désastres ! Oh ! certes, je suis le premier à en convenir, « c'est beau, » il est beau de cultiver l'esprit, de développer l'intelligence, de lui faire découvrir des horizons nouveaux, d'agrandir le cercle de ses connaissances jusqu'à ces limites de l'infini que Dieu seul fait réserver...; mais il est plus noble, plus sublime, de lui demander encore ce complément, cette perfection de toute bonne éducation, qui ne s'acquiert que par la culture du cœur..., car à supposer que l'instruction nous apprenne la pratique de tous nos devoirs, que l'histoire nous convie à imiter les plus nobles actes de tous les peuples..., il faut, pour savoir le commettre, en rechercher l'occasion, et quand l'occasion manque dans son propre pays, imiter l'exemple que vient de nous donner tant de comités de secours étranger, et principalement la Société des Amis.

C'est ainsi que le cœur, bien cultivé, nous rendra capables de ce dévouement, qui sait inspirer et inspirera toujours tous les sacrifices nécessaires tant qu'il y aura une larme à sécher ou même une plainte à consoler dans l'humanité. Et si vous deviez douter des heureux résultats qu'il vous est permis d'en espérer, je vous montrerai cette population qui vient de vous acclamer si chaleureusement. N'avez-vous pas été vous-même ému jusqu'aux larmes des expressions si touchantes de la reconnaissance ?

Eh bien ! ce sont vos bienfaits qui ont su opérer cette étonnante transformation, et c'est ce qui me permet d'affirmer que le peuple sera ce qu'on le fera et qu'il vous rendra toujours au centuple le peu qu'on lui donnera.

Voilà donc une carrière bien digne de vos nobles ardeurs. O vous tous, jeunes gens, qui aspirez d'offrir utilement votre concours dans la grande œuvre du relèvement moral de la France, ou à entreprendre quelque chose de grand, d'aussi grand que les élans de votre cœur... travaillez à la fécondité de ce vaste champ d'activité ouvert à tous les dévouements sans vous laisser jamais décourager par aucun obstacle, car bientôt la victoire couronnera vos généreux efforts en vous donnant la possession de la terre, de cette terre que nous ne possédions pas encore, de cette terre qui ne connaîtra plus ces ridicules et mesquines frontières pour lesquelles des centaines de milliers d'hommes s'égorgent si souvent... de cette terre bénie où l'âme ne se trouvera plus étrangère, mais comme chez elle... où elle se retrouvera fille du ciel auquel elle doit éternellement appartenir. C'est pour vous retrouver debout, notre cher ami, au jour de la réalisation de tous nos vœux, que je vous offre une bonne santé, la meilleure des santés, et à vous et de tout mon cœur. »

Laissant alors déborder tout ce que son cœur renfermait de bon et d'affectueux pour son hôte, pour tous les invités et ses protégés, il ne voulait point s'éloigner de ces lieux témoins de si douces émotions sans adresser la lettre suivante à M. l'administrateur, faisant fonctions de préfet:

Belfort, le 3 septembre 1872.

A Monsieur Lebleu, administrateur du territoire de Belfort.

Monsieur l'Administrateur,

Je ne veux pas quitter votre territoire sans vous exprimer, au nom de la Société des Amis, dont j'ai l'honneur d'être le représentant, ma plus profonde reconnaissance pour l'accueil si sympathique que j'en ai reçu.

Déjà, il y a quelques mois, je devais m'éloigner de la France, mais après pu me rendre compte par moi-même de tout ce qui restait à faire pour relever votre contrée de toutes ses ruines, j'ai dû ne pas abandonner mon poste; il m'en aurait en effet trop coûté de ne pas répondre à l'intérêt toujours croissant que m'inspirent plus particulièrement votre frontière et ses habitants. Du reste *mon caractère d'Anglais ne me permettait pas d'abandonner la charrue dans le sillon.*

J'ai eu, il est vrai, un moment de tristesse en voyant que le fond de ma bourse ne me donnerait plus que des moyens d'action insuffisante, et que je serais probablement forcé de laisser inachevées des œuvres si chères à mon cœur. Mais bientôt l'appel que je me suis décidé à adresser à toute la France a été entendu, et aujourd'hui j'ai la consolation de pouvoir me dire que les deux œuvres spéciales dont je désirais couronner ma mission sont en bonne voie — que bientôt tous les débris des incendiés seront relevés, et qu'à tous les orphelins un abri hospitalier pourra être offert. — J'en bénis le ciel et tous ceux qui m'ont aidé de leur souscription en cette circonstance, mais plus particulièrement votre honorable compatriote Alsacien, au si noble cœur, dont la générosité ne s'est pas trouvée satisfaite de l'envoi de dix mille francs qu'il vous a fait, sans verser encore une somme de quinze mille francs au Comité du Sou des chaumières, avec la recommandation expresse que dix mille francs au moins seraient prélevés au profit des misères de Belfort et de ses environs, suivant l'avis que je viens de recevoir, et que je m'empresse de vous communiquer en vous priant d'en faire part à M. Juster, votre digne collaborateur.

Veuillez aussi tous deux recevoir mes remerciements les plus chaleureux pour l'appui si dévoué que vous m'avez prêté en toutes circonstances. Les rapports fréquents que j'ai eus avec toutes les classes de vos administrés, m'ont permis d'apprécier votre mode de répartir les secours divers qui vous ont été confiés, et je suis heureux d'avoir acquis la conviction qu'ils ont toujours été distribués avec discernement et la plus stricte impartialité, sans vous inquiéter jamais de connaître à quelle opinion publique ou à quelle religion appartenaient les malheureux qui s'adressaient à vous. — C'est un hommage que je me plais à vous rendre en me félicitant d'avoir rencontré des exécuteurs aussi fidèles des moindres exigences du programme de la Société des Amis, qui veut surtout octroyer ses bienfaits sans tenir compte ni de nationalité, ni de politique, ni de religion.

La tournée que je viens de faire dans vos communes suburbaines me laissera aussi un doux souvenir. Souvent déjà j'ai parlé des vertus civiques et de toutes les qualités si rares et si précieuses de vos braves populations; mais depuis qu'elles ont su m'offrir d'une manière si touchante les trésors de leurs cœurs, je me suis dit qu'elles valent mieux encore. Je continuerai donc à les citer comme exemple, et à apprendre à tous comment après avoir si vaillamment rempli tous leurs devoirs de bons citoyens, elles ont su conserver l'attitude la plus calme, la plus digne au milieu de leurs diverses épreuves. Je dirai toujours que c'est chez elles que j'ai rencontré le moins d'exigences et le plus de *fortitude* et de reconnaissance. L'expression de ces sentiments est bien consolante à notre époque. Ces sentiments me prouvent que les devoirs sont aussi bien compris par les uns, que le dévouement peut l'être par les autres. C'est là un grand pas de fait vers l'union des cœurs, qui nous permet d'espérer que bientôt l'avenir des peuples ne dépendra plus de la supériorité du canon, mais de la bonté de tous les hommes et de leur amour mutuel.

Répétez, je vous prie, Monsieur l'administrateur, à tous ces braves gens, que je pars profondément touché de la manière si spontanée et si ingénieuse dont ils se sont servis pour augmenter, par surprise, le bonheur que j'ai toujours éprouvé en les obligeant au nom de la Société des Amis. Dites pour elle et pour moi, son représentant, à toutes ces pauvres mères atteintes dans ce qu'elles avaient de plus cher, dites à tous ceux qui ont vu tant de désolation et tant de misères, qu'ils travaillent avec nous afin que leurs fils n'aillent plus arroser de leur sang les champs de bataille. Oui! travaillons tous à l'avènement de ce grand jour, où les frontières tomberont et les nations ne s'entretueront plus, mais où elles proclameront d'une voix unanime « Maudite soit la guerre, oui! maudite soit la guerre — ce jour où les peuples seront frères et où leur père, qui est au ciel, les bénira tous.

Veuillez bien agréer, Monsieur l'administrateur, l'expression des sentiments de respect et de dévouement de

JAMES LONG,
Représentant de la Société Anglaise des Amis.

De tels sentiments et de tels actes sont bien consolants; ils sont la preuve évidente que la nation a profité des leçons de l'adversité. La noblesse des sentiments ne sera bientôt plus le lot exclusif des hommes d'élite de tous les pays, qui n'avaient du reste qu'une ambition, — celle de faire du bien et d'avoir des imitateurs, — car déjà elle gagne les masses, et bientôt elle ralliera tous les cœurs.

Honneur à tous les promoteurs de ce grand mouvement social et humanitaire, et à tous ceux qui en suivront le chemin!

L'EXODE ALSACIEN

Appel en faveur des malheureuses Victimes de la guerre, de Belfort et de ses environs.

Moniteur universel du 17 septembre 1872.

Nous recevons la lettre suivante, que nous nous empressons de publier:

Monsieur le rédacteur,

Je vous remercie cordialement d'avoir bien voulu consacrer tant d'espace dans votre numéro du 17 courant aux événements qui ont marqué mon récent voyage sur la frontière franco-allemande. Si humbles qu'ils soient en eux-mêmes, ces événements donnent la juste mesure des sentiments qui animent les braves populations de ce pays. A ce titre, ils ont une importance qui ne vous a pas échappé, et vous avez compris que rien de ce qui touche ces contrées de l'Est ne doit nous être indifférent.

Vous savez, monsieur le rédacteur, à quoi tendent nos efforts:

1° Relever les maisons que l'incendie a détruites.

2° Venir en aide aux cultivateurs que la guerre a ruinés.

3° Secourir les blessés qui n'ont pas droit à une pension ou indemnité de l'Etat, mais dont la situation n'est ni moins précaire, ni moins digne de pitié.

4° Assister les familles qui ont perdu leurs soutiens.

5° Assurer des moyens d'existence à ceux que l'étranger chasse de leurs foyers.

6° Donner aide aux orphelins qui n'ont plus d'autre famille que la grande famille française qui va, nous l'espérons, les adopter tous.

Telle est notre œuvre, monsieur le rédacteur.

Il y a quelques semaines, vous aviez la complaisance de publier pour moi un appel en faveur des incendiés de Belfort et de ses environs.

Quelques âmes généreuses ont noblement répondu, mais les ressources ainsi recueillies sont encore bien insuffisantes. La misère n'est pas éteinte; elle renaît, elle s'étend chaque jour; et voilà pourquoi:

Dans la lettre que je vous ai précédemment adressée, on peut lire:

En attendant de meilleurs jours, continuez, je vous prie, monsieur le directeur, à honorer Belfort de toute votre sollicitude, car donner à Belfort, c'est aussi donner à la ville qui supportera les dernières charges du joug étranger; venir au secours de Belfort, « c'est en même temps prouver notre attachement à tous à cette pauvre Alsace qui lui envoie chaque jour de nouveaux hôtes pour y élire leur domicile. Parmi ces exilés volontaires, combien en est-il de malheureux qui ne dédaigneront pas de partager le toit que vous aurez aidé à reconstruire! » Et en offrant à Belfort, c'est à toi-même que tu offres, ô France! car tu n'as pas de plus nobles enfants que les siens pour garder ton Gibraltar.

A l'heure qu'il est, cette prédiction s'accomplit. Les riches, les gens aisés, les chefs d'industrie qui ont fait à loisir leurs préparatifs de départ, se mettent en route maintenant, et avant que le délai d'option soit expiré, ils auront passé la nouvelle frontière. La sympathie se gagne. Le sentiment de « sauve qui peut », dans le sens le plus patriotique, le plus noble, se répand du rang le plus élevé jusqu'aux conditions les plus humbles.

Les employés et les pauvres mêmes sont entraînés par l'exemple, et déjà des familles entières arrivent tous les jours à la frontière, ayant abandonné, *pour l'amour de la patrie*, leurs humbles demeures, leur gagne pain et tout ce qui leur a appartenu sur cette terre. Ce sentiment s'empare même des pauvres petits orphelins qui s'esquivent la nuit des refuges allemands, et, marchant pieds nus, gagnent la frontière, tant ils ont peur de devenir Prussiens.

Ainsi, un vrai Exode alsacien se développe. Il deviendra plus sérieux au fur et à mesure que nous approcherons du délai fatal du 1er octobre. Ces exilés patriotiques sont accueillis par leurs frères de ce côté de la frontière avec cette hospitalité qui fait partie de leurs mœurs. Ils partagent avec eux cet abri et ce pain qui leur a tant manqué à eux-mêmes depuis la guerre.

N'est-ce pas que tout cela, monsieur le rédacteur, doit donner à réfléchir, même aux plus insouciants ? Est-il un cœur vraiment français qui ne ressente l'émotion d'une admiration généreuse pour ce peuple patriotique, le plus français de tout ce qui est français, une admiration destinée, non à s'épuiser en *vaines paroles*, mais à se manifester *par des actes* en donnant largement et en donnant promptement, soit sur les économies de l'aisance, soit sur les jouissances d'un luxe superflu ?

Le proverbe : *C'est donner deux fois que de donner promptement*, n'aura jamais été plus vrai que dans ce cas présent.

Étranger et dévoué depuis deux ans à secourir les victimes de la guerre en France, je croirais avoir mal étudié et mal compris le cœur et le caractère français, si cet appel ne recevait pas de tous les coins de la France une prompte et généreuse réponse.

Veuillez bien agréer, monsieur le rédacteur, l'expression de mes sentiments de respect et de dévouement.

JAMES LONG,
Représentant de la Société anglaise
des Amis.

Le Journal des Débats.

ALSACE - LORRAINE

Nous avons publié dernièrement un éloquent appel de M. James Long, au patriotisme français en faveur des malheureux habitants de Belfort, doublement éprouvés par la guerre et l'occupation.

M. James Long, qui a déjà tant contribué à secourir les victimes de la guerre, poursuit en ce moment avec un zèle et un dévouement infatigables sa charitable mission dans les départements de l'Est. Il nous adresse en faveur de nos malheureux compatriotes un appel qui sera certainement entendu. La France doit avoir à cœur à répondre à l'appel de M. Long, qui a acquis, lui et la société

qu'il représente, des droits naturels à notre reconnaissance.

Cet appel a été entendu et favorablement accueilli dans plusieurs départements; mais les sommes recueillies sont encore insuffisantes en présence de l'étendue des infortunes à soulager. Nous ne pouvons trop engager nos lecteurs à concourir de tout leur pouvoir à l'œuvre charitable à laquelle s'est dévoué depuis deux ans M. James Long en distribuant, dans nos provinces envahies, les secours si considérables envoyés par la Société anglaise des Amis (quakers).

DÉPARTEMENT DU HAUT-RHIN

VILLE DE BELFORT

Extrait du registre des délibérations du Conseil municipal de la ville de Belfort.

SÉANCE EXTRAORDINAIRE DU 13 DÉCEMBRE 1872.

Autorisation de M. l'Administrateur
du 10 décembre 1872.

Étaient présents : MM. Parisot, maire; Juteau, Sibre, adjoints; Lapostolet, Lallox, Touvet, Vouzeau, Petitjean, Lehmann, Lollier, Chollet, Thioult, Seglio, Hammen, Rochet et Vauthrin, membres du Conseil municipal.

Objet de la Délibération.

Témoignage de Reconnaissance à M. James Long, représentant de la Société des Amis (Quakers), de Londres.

Le Maire donne lecture d'une lettre de M. l'Administrateur qui lui transmet le nouveau don de M. James Long, Représentant de la Société des Amis (Quakers) de Londres, et destiné à la reconstruction de l'Orphelinat de Belfort.

Le Conseil, pénétré de reconnaissance pour la bienveillante sympathie que ce noble cœur n'a cessé ce témoigner depuis la fin du siège, décide à l'unanimité qu'une lettre lui sera adressée par le Maire, afin d'exprimer à ce noble étranger les vifs sentiments de gratitude du Conseil municipal et de la population dont il est l'interprète.

Le Conseil vote en même temps la transcription de cette décision dans le registre de ses délibérations pour perpétuer le souvenir de ce Bienfaiteur de notre ville.

(Suivent les signatures).

Pour extrait conforme :
Le Maire, J. PARISOT.

10

Société de protection pour les Alsaciens-Lorrains demeurés Français.

Belfort, 10 janvier 1873.

J'ai l'honneur de vous informer que sur ma proposition, notre dernière assemblée générale vous a nommé, à l'unanimité des voix, Président d'honneur de la Société de Protection. C'était moins un vote qu'une acclamation. Si vous aviez pu assister à cette réunion, vous auriez senti, mieux que je ne puis l'exprimer, toute l'étendue et toute la vivacité de notre reconnaissance. En se plaçant sous votre patronage immédiat, la Société de Belfort n'a fait que remplir un devoir que lui dictaient vos bienfaits. Elle essaiera, en continuant son œuvre de charité, de s'imposer dès grands exemples que lui fait son Président d'honneur. Accepter ce titre sera l'encourager dans sa tâche, et j'ose espérer que vous ne le refuserez pas. La Société de Belfort associera ainsi ses modestes efforts à la haute et généreuse Association dont vous êtes le Représentant en France.

Veuillez agréer, Monsieur, l'assurance de mon profond et affectueux respect.

Le Président du Comité de Belfort,

LÉON STEHELIN.

(Voir « l'Inauguration de la Cité Ouvrière construite pour les Alsaciens-Lorrains émigrés à Belfort. »)

Paris.— Imprimerie Ch. Schiller, rue du Faubourg Montmartre 10.

www.ingramcontent.com/pod-product-compliance
Lightning Source LLC
Chambersburg PA
CBHW072018290326
41934CB00009BA/2123